ANDREA GERK · MONI PORT

FÜNFZIG DINGE, DIE ERST AB FÜNFZIG RICHTIG SPASS MACHEN

KEIN & ABER

1. Auflage August 2019
2. Auflage September 2019
3. Auflage Dezember 2019
4. Auflage Januar 2020

Alle Rechte vorbehalten
Copyright © 2019 by Kein & Aber AG Zürich – Berlin
Satz und Covergestaltung: Maurice Ettlin
Coverbild und Illustrationen: Moni Port
Druck und Bindung: CPI books GmbH, Leck
ISBN 978-3-0369-5811-8

www.keinundaber.ch

INHALT

Vorwort 7

Pilze suchen 12

Alle Verflossenen zum Essen einladen 15

Ausführliche Gespräche über Krankheiten führen 18

Jonglieren 21

Die Eltern besuchen und über früher sprechen 24

Bücher nicht zu Ende lesen 27

Sich gegen 18 Uhr einen Drink genehmigen 30

Unbeteiligtes Beobachten 34

Pediküre 37

Sauerteigbrot backen 41

Seltsame Dinge sammeln 44

Bahnen ziehen 48

Eine Playlist für die eigene Beerdigung zusammenstellen 51

Jeden Tag ein Gedicht auswendig lernen 54

Etwas zum ersten Mal tun 58

Zu Hause bleiben 61

Bikini tragen 64

Ticks und Macken pflegen 67

Eine Kur machen und einen Kurschatten finden 70

Die Haare wachsen lassen 74

Volkstänze 77

Zu Fuß gehen 80

Die Rocky Horror Picture Show ansehen 84

Trampolin springen 87

In der Wohnung abwesender Freunde leben 90

Mal wieder eine rauchen 93

Ein Instrument lernen 97

Sich von Jüngeren die Welt erklären lassen 100

An einer Stadtführung in der eigenen Stadt teilnehmen 103

Vögel beobachten 106

Sich langweilen 110

In Jazzclubs gehen und Whisky trinken 114

Im Chor singen 117

Das Wetter studieren 120

Sein Testament aufsetzen 124

Wildwuchs statt Waxing 127

Mitglied bei einem (Fußball-) Verein werden 131

Die Wahrheit sagen 135

Etwas tun, was man nicht kann 140

Bekanntschaften machen und pflegen 142

Sich einen Seitensprung vorstellen 146

Alles verschenken, was man nicht braucht 149

Rezepte kochen, die absurd aufwendig sind 153

Alte Liebesbriefe lesen 157

Den Pflanzen beim Wachsen zusehen 161

Alle Spiegel abschaffen 164

Handarbeiten 168

Mit dem Bulli verreisen 172

Den Himmel betrachten 176

Sich einen Preis fürs eigene Lebenswerk verleihen 179

VORWORT

Um die Lebensmitte, wenn die magische 5 näher rückt und man sich immer häufiger nicht auf Anhieb im Spiegel erkennt, senkt sich bei vielen eine sanfte Mattigkeit aufs Gemüt: Lange ausgehen, viel trinken, heftig flirten – alles, was sich über Jahrzehnte als Stimmungsaufheller bewährt hat, bereitet auf einmal weniger Spaß als Kopfschmerzen. Für Hobbys ist man auch nicht der Typ. Was also tun mit dem Rest des Lebens? Alles hinschmeißen und unter falschem Namen noch mal neu anfangen? Eine Umschulung zum Kriminalkommissar oder zur Psychoanalytikerin in Angriff nehmen? Nach Hawaii übersiedeln?

Nein, alles nicht nötig. Die Einsicht, dass die Jugend unwiederbringlich vorbei ist, erwischt früher oder später jeden. Jetzt kommt es nur darauf an, die Gunst der Stunde zu erkennen und das Leben beim Schopfe zu packen.

»There's nothing tragic about being 50. Not unless you're trying to be 25.« – Es ist nicht weiter tragisch, 50 zu sein, solange du nicht versuchst, weiterhin wie 25 zu sein –, heißt es in Billy Wilders 1950 gedrehtem Film *Sunset Boulevard,* in dem der einstige Stummfilmstar Gloria Swanson eine mit ihrem Alter und ihrer stockenden Karriere hadernde Diva spielt. Eine tragische und zum Fremdschämen peinliche Figur, wird doch an ihr überdeutlich, dass nichts älter macht als der zwanghafte Wunsch, für immer jung zu sein. Dieser uralte Menschheitstraum hält zwar eine millionenschwere Industrie am Laufen, verstellt aber zugleich den Blick darauf, was die mittlere Lebensphase für einen bereithält – im Guten wie im Schlechten. Die Illusion ewiger Jugend verhindert echte innere Entwicklung, die nun mal ihre Zeit braucht. Das bringt die englische Formulierung »to grow old« perfekt zum Ausdruck, in der mitschwingt, dass Älterwerden auch etwas mit Wachstum zu tun hat.

In der Mitte des Lebens wird vieles einfacher, manches schwieriger. Etwa die Diskrepanz zwischen innerem und äußerem Selbstbild auszuhalten, die, je nach Tagesform, überraschende Schreckensmomente bereithält: »Sie habe am Morgen endlich ihr Hausgespenst gesehen. Im Spiegel im Bad«, schreibt eine Freundin der Schriftstellerin Ulrike Draesner, die diese Anekdote in ihrem Buch *Eine*

Frau wird älter erzählt. Tatsächlich fühlt man sich an vielen Tagen noch immer wie mit 28, und man ist ja auch noch immer 28. Genauso wie man auch noch 16, 35 und 42 ist. Die früheren Lebensjahre sind vom Voranschreiten der Zeit nicht gelöscht worden, sondern umfassen einander wie die Ringe eines Baums. Die im Übrigen bei jedem Baum anders aussehen, genau wie jeder Mensch anders altert: Manche haben schon mit siebzehn keinen Spaß an den Vergnügungen der Gleichaltrigen, während andere auch mit über siebzig jede Woche Techno tanzen und auf zeitlose Weise jung und neugierig wirken. Man kann äußerlich verblühen, aber das muss man deshalb nicht zwangsweise auch innerlich.

Es ist also Unsinn zu glauben, die einzig richtige Art zu altern, sei nicht zu altern. Das sieht auch Pete Townshend, Frontmann von The Who, inzwischen so, der 1965 verkündet hatte: »Hope I die, before I get old.« Viele Jahre später, als 60-Jähriger, war er der Meinung, er sei inzwischen sehr viel glücklicher als zu der Zeit, in der er diese Zeile schrieb. Das Phänomen belegen auch zahlreiche wissenschaftliche Studien: Ab fünfzig geht es mit der Lebenszufriedenheit, die sich wie ein U entwickelt, wieder steil bergauf, und es beginnt *Die bessere*

Hälfte, wie die beiden Mediziner Tobias Esch und Eckhart von Hirschhausen diesen Lebensabschnitt in ihrem Buch nennen. »Warum müssen wir ständig so tun, als seien wir jünger, als wir sind?«, fragt Hirschhausen. »Das Alter ist kein Abstieg, es ist Leben für Fortgeschrittene. Darauf kann und darf man sich freuen.«

Um die fünfzig scheinen sich die meisten Menschen mit dem, was sie erreicht und was sie nicht erreicht haben, anzufreunden, und sofern sie das mit Wohlwollen und einer Prise Weisheit tun, wird der Kopf wieder frei, um etwas Neues mit dem Leben anzufangen, möglichst auf seine eigene Weise und sofort. »Vertraue nicht der Zeit, die du noch vor dir zu haben glaubst«, rät der österreichische Schauspieler und Kabarettist Josef Hader. Man muss ja nicht unbedingt einen Triathlon in Bestzeit anpeilen, aber vielleicht anfangen, in einem Chor zu singen, rückwärts die Treppe hochlaufen oder sich so anziehen wie die eigenen Kinder oder Enkelkinder. Wenn es so viel Spaß macht, mit den Anziehsachen der Erwachsenen zu spielen und sich zu verkleiden – warum das Ganze nicht mal umdrehen und in Kostüm und Maske eine ganz andere Perspektive auf die Welt einnehmen?

»Rückwärts durch die Knie betrachtet, war die Welt schon immer am interessantesten«, heißt es in Wolf Haas' Roman *Junger Mann*.

Das Gehirn ist jedenfalls dankbar für jede durchbrochene Routine und kann auch jenseits der jugendlichen Sturm-und-Drang-Zeit Erstaunliches vollbringen: Die international erfolgreiche Krimiautorin Ingrid Noll hat ihren ersten Roman mit 56 Jahren veröffentlicht; der Architekt Frank Lloyd Wright entwarf sein Meisterwerk, das Salomon R. Guggenheim Museum in New York als Achtzig-Jähriger, die ebenfalls dort ansässige kubanische Künstlerin Carmen Herreras verkaufte ihr erstes Bild mit neunzig und erlebt zum Glück jetzt, wie die großen Museen der Welt endlich ihre Werke zeigen, nachdem jahrzehntelang keiner Notiz von ihr genommen hatte. Und die Stilikone Iris Apfel unterschrieb mit 97 Jahren einen Modelvertrag bei der Agentur IMG.

Im Vergleich mit diesen erfolgreichen Damen und Herren ist man, wenn es auf die fünfzig zugeht, auf jeden Fall jung genug, um noch etwas Aufregenderes mit seinem Leben anzustellen, als vor lauter Gelassenheit auf der Couch einzuschlafen.

Wobei auch das hin und wieder sehr schön sein kann.

PILZE SUCHEN

Mit gesenktem Blick durch den Wald zu stromern und Glücksschreie auszustoßen, sobald man einen prächtigen Pilz erspäht, ist in jedem Alter ein großartiges Erlebnis. Als Kind freut einen der pure Sammeltrieb, später die Aussicht auf eine köstliche, selbst eroberte Steinpilzpfanne.

Mit der Leidenschaft für diese schwammartigen Geschöpfe, die weder Pflanze noch Tier sind, befindet man sich im Übrigen in bester Gesellschaft: Der französische Insektenforscher Jean-Henri Fabre, dessen Erinnerungen für den Nobelpreis nominiert waren, schwärmte ebenso für Pilze wie der amerikanische Avantgardekomponist John Cage. 1958 verhalf Cage der Tanzcompagnie seines Lebensgefährten Merce Cunningham während einer Europatournee in Mailand zu einem neuen Tourbus, indem er in einer italienischen Quizshow als Mykologe brillierte und 600 000 Lire gewann. Im Jahr drauf lehrte Cage an der New School for Social Research experimentelle Komposition und Pilzbestimmung, und 1962 gründete er in New York die Mycological Society. Die Pilzwelt bedankte sich bei ihrem

treuen Anhänger, indem ein ungenießbares Exemplar nach ihm benannt wurde: Cortinarius cagei, zu Deutsch Zweifarbiger Wasserkopf.

Als dem Komponisten diese Ehre zuteilwurde, war er achtundsiebzig Jahre alt, also längst so weit, um auch Spaß am Pilzesuchen zu haben, wenn man gar keine Pilze findet. Das meditative Gehen auf moosigem Boden, das dichte Grün um einen herum und der vorfreudige Entdeckerblick (fest auf das imaginäre Jagdobjekt gerichtet) sind besser als jeder Besuch im Wellnesstempel. Fortgeschrittene müssen die Pilze gar nicht mehr einsammeln, sondern können sie in stiller Bewunderung genießen und stehen lassen.

ALLE VERFLOSSENEN
ZUM ESSEN EINLADEN

Bei manchem wird es vielleicht ein Dinner for two, andere müssen einen größeren Saal mieten, wollten sie ihre einstigen Liebschaften zu sich bitten. Von dem einen oder anderen wüsste ich gar nicht, wo er geblieben ist, meinte meine charmante siebzigjährige Nachbarin zu dieser Idee, begann aber umgehend, mit mir zu überlegen, wen man neben wem platzieren könnte, wo man selbst sitzen würde, worum es in der Tischrede ginge, wer zuerst volltrunken wäre oder ob nicht eine Stehparty oder Schiffsfahrt geeigneter wäre, um allzu peinliche Zusammentreffen innerhalb eines derartigen Rudels verhindern und sich still und heimlich über Geheimratsecken, Damenbärte und Bauchansätze amüsieren zu können.

Allein die Gästeliste für ein solches Treffen zu schreiben, wäre ein großer Spaß, der nicht zuletzt zeigen würde, wie viel bunter die eigene Vergangenheit war, als man in düsteren Momenten meint. So ergeht es auch der New Yorker Dichterin Mia in Siri Hustvedts Roman *Der Sommer ohne Männer*. Als sie mit ihrem Mann, dem Neurowissenschaftler

Boris, eine Ehekrise durchläuft, weil er ein Verhältnis mit einer jüngeren Frau hat, verlässt Mia die gemeinsame Wohnung und zieht eine Weile aufs Land. Dort besucht sie ihre alte Mutter, die in einem Seniorenheim lebt, führt eine anregende E-Mail-Korrespondenz mit einem Unbekannten und legt ein »erotisches Tagebuch« an, in dem sie sämtliche amourösen Erlebnisse ihres bisherigen Lebens Revue passieren lässt. Dieser Rückblick eröffnet der Verlassenen wieder eine Aussicht, und als ihr Mann schließlich zu ihr zurückkehren will, fordert sie ihn auf, ihr den Hof zu machen.

Eine vielversprechende Variante des Verflossenen-Treffens könnte auch darin bestehen, alle unerfüllt gebliebenen Lieben zu sich einzuladen und deren Potenzial, gleichsam auf Wiedervorlage, nochmals zu prüfen.

AUSFÜHRLICHE GESPRÄCHE ÜBER KRANKHEITEN FÜHREN

Durchschlafschwierigkeiten, Knie- und Rückenprobleme, Stimmungsschwankungen, Hitzewallungen oder Haarausfall – mit dem unaufhaltsamen Voranschreiten der Zeit werden zahlreiche Themengebiete relevant, bei deren Aufkommen man in jüngeren Jahren allenfalls die Augen verdrehte. Etwa, wenn Tante Erna beim Familientreffen stundenlang über ihr offenes Bein parlierte und Opa Heinz dank seines linksschultrig platzierten Granatsplitters das Wetter exakt vorhersagen konnte. Solange man sie selbst nicht hat, sind Krankheiten und Gebrechen das Letzte, was einen interessiert, schließlich glaubt man, immun dagegen zu sein, und ist außerdem viel zu sehr damit beschäftigt, sich pausenlos über seine Beziehungsprobleme, das Nicht-Vorhanden-Sein einer Beziehung bzw. deren Anbahnung oder Beendigung auszutauschen. Irgendwann versandet dieses komplexe Thema im aufreibenden Familienalltag, dem ruhigen Fluss einer komfortablen Langzeitbeziehung oder den Vorzügen des Alleinlebens, denn auch meine Single-Freunde haben offensichtlich kaum noch Lust,

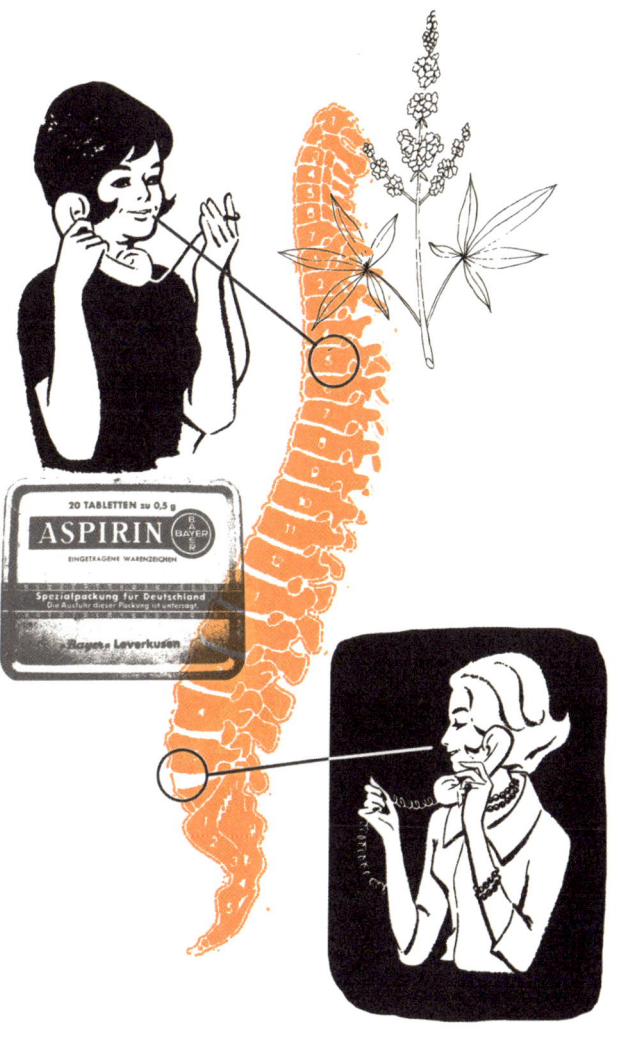

über ihre mal mehr oder weniger erfreulichen Begegnungen mit dem anderen Geschlecht allzu viel zu reden. Anscheinend ist irgendwann alles dazu gesagt, und man stellt irritiert fest, dass einen Sandras neues Parship-Date deutlich weniger bewegt als Thorstens doppelter Bandscheibenvorfall.

Womöglich hat das damit zu tun, dass man sich durch Schmerz und Unwohlsein noch mal ganz anders erlebt, oder wie der französische Philosoph Blaise Pascal bemerkte: »Krankheit ist der Ort, wo man lernt.«

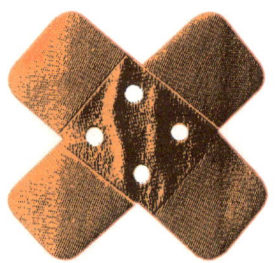

JONGLIEREN

Auch wenn junge Menschen alles, besonders aber Geschicklichkeitsübungen, schneller lernen als alte, hat man erst ab fünfzig die nötige Geduld, um sich Hunderte Male nacheinander zu bücken und Endorphinräusche zu erleben, wenn es einem nach vier Wochen täglichen Übens gelingt, wenigstens zwei Bälle gleichmäßig hin und her zu werfen, also die Basis-Jonglage. Obwohl das häufige Bücken ganz schön ins Kreuz geht, lohnt sich die Plackerei: Allein das Üben macht süchtig, und wenn die Bälle doch endlich zu schweben beginnen, strömen die Glückshormone. Abgesehen davon verändert sich durch das Jonglieren, wie Neurowissenschaftler nachweisen können, die Hirnsubstanz, weshalb es auch als perfekte Demenzprophylaxe gilt.

Wer schon in jungen Jahren das Jonglieren mit Bällen für sich entdeckt hat, kann jederzeit zu größeren Herausforderungen übergehen und beispielsweise versuchen, mit Keulen zu jonglieren. Wie meine Freundin Turit, die nach einigen Monaten unbeirrten Übens in einem städtischen Park endlich in der Lage war, ein paar Würfe mit drei Keulen auszuführen, als eine alte Dame, die ihre Bemühungen beobachtet hatte, lahm dazu klatschte und ihr mit herablassender Stimme erklärte, sie werfe viel zu hoch und mache alles falsch. Daraufhin nahm sie ihr eine der Keulen aus der Hand, ließ sie im Fünffach-Flip über ihrem Kopf kreisen und fing sie, ohne hinzusehen, wieder auf. »60 Jahre russischer Staatszirkus«, erklärte sie meiner erstaunten Freundin, die unter Anleitung der strengen Artistin wieder mit einer Keule, also bei null anfangen und auf einem Bein balancierend Kaskaden, Fontänen und Säulen üben durfte.

Man kann die Kunst des Jonglierens also sein Leben lang betreiben und lernt dabei nie aus. Das Beste jedoch in unserer auf Effizienz und ökonomischen Nutzen fixierten Zeit: Es ist eine völlig sinnlose Betätigung, die einfach nur Freude bereitet.

DIE ELTERN BESUCHEN UND ÜBER FRÜHER SPRECHEN

Als kleines Kind ist man verliebt in die eigenen Eltern und kann ihnen gar nicht nah genug sein. Mit der Pubertät schlägt dieses Bedürfnis jäh ins Gegenteil um, und es gibt auf einmal nichts Peinlicheres als die eigenen Eltern, noch dazu, wenn diese von früher erzählen und daran erinnern, dass sie auch mal jung waren. Sobald man jedoch unablässig vom eigenen Körper (und Geist) daran erinnert wird, auch nicht für immer jung zu bleiben, wird es wieder schön, die Altvorderen zu besuchen, mit ihnen über alte Zeiten zu sprechen und darüber zu staunen, wie verschieden die Versionen der gemeinsamen Vergangenheit ausfallen.

Sollte das Verhältnis etwas eingerostet sein, gibt es genügend Hilfsmittel, um es wieder in Gang zu bringen. Gemeinsam Fotoalben durchzublättern, ein Lieblingsgericht aus der Kindheit miteinander zuzubereiten und anschließend zu verputzen oder verwackelte Super-8-Filme von der eigenen Taufe oder Einschulung anzusehen, kann ziemlich lustig sein. Hat man wieder einmal richtig gelacht, fällt es auch leichter, einander gründlich anzusehen

und zu erkennen, welche überraschenden Ähnlichkeiten aus den Gesichtsvertiefungen des Gegenübers auftauchen: »Auch das ist ein Teil des Blühens im und mit dem Alter«, schreibt die Schriftstellerin Ulrike Draesner. »Ein weiteres Mal wird man neu geordnet in Bezug auf die Zeit. In Form von Menschen reicht sie durch einen hindurch.«

BÜCHER NICHT ZU ENDE LESEN

Es gibt weniges, was ähnlich berauschend sein kann wie ein richtig gutes Buch. Wenn die Zeit dahinfließt wie Honig, dickflüssig und endlos wie damals in den großen Ferien, als man Hunderte Seiten am Stück las, Essen und Trinken vergaß und nachts das Licht nicht löschen konnte, so sehr litt man mit der von ihren Stiefgeschwistern gedemütigten Jane Eyre oder fieberte der Rettung des armen, zu Unrecht beschuldigten Oliver Twist entgegen.

Später kommt man meist nur noch abends zum Lesen, wenn man vom Tagwerk bereits so erschöpft ist, dass man nach zwei Seiten einschläft und sich der Flow, der einem seinerzeit völlig neue Welten eröffnete, kaum mehr einstellt. Das ist umso bedauerlicher, seit eine Studie der University of Yale veröffentlicht wurde, derzufolge regelmäßiges Lesen von Büchern (Internet- oder Zeitungslektüre hat wohlgemerkt nicht diesen Effekt) die Lebenszeit um zwei bis drei Jahre verlängert!

Einen ganzen Sonntag im Schlafanzug zu bleiben, mit Kaffee, Tee oder geistreichen Getränken vom Bett aufs Sofa und zurück zu vagabundieren und dabei in eine andere Welt zu verschwinden, ist also nicht nur ein großes Vergnügen, sondern dient auch der Gesundheitsvorsorge.

Allerdings ist die Lebenszeit, auch wenn sie durch Lesen verlängert wird, begrenzt, und man muss eines Tages erkennen, dass sie niemals ausreichen wird für all die vielversprechenden Bücher, die man immer schon mal lesen wollte, aber noch nicht geschafft hat, oder die man bereits mehrfach begonnen hat, jedoch nie zu jenem mysteriös richtigen Zeitpunkt, den jedes Buch braucht, um seinen Zauber entfalten und einen buchstäblich ansprechen zu können. Deshalb gilt es von nun an, wählerisch zu sein. Wenn man auch beim dritten Anlauf, endlich *Schuld und Sühne* zu lesen, ständig abschweift und der Funke nicht überspringt oder sich einem bei dem Bestseller, von dem alle reden, auch auf Seite 83 noch nicht erschließt, was an dieser unglaubwürdigen Geschichte mit ihren aufgesetzten Pointen eigentlich so witzig sein soll, kann man getrost die alten Lieblinge noch einmal aufschlagen, mit Asterix und Obelix durch Gallien oder mit Holden Caulfield bzw. Holly Golightly durch Manhattan streifen und der wilden Energie vergangenen Leseglücks nachspüren.

SICH GEGEN 18 UHR
EINEN DRINK GENEHMIGEN

»Colin, sind wir in der Zauberstunde?«, soll Elizabeth Bowes-Lyon, die Mutter von Queen Elizabeth II., jeden Abend gegen 18 Uhr ihren Angestellten Major Colin Burges gefragt haben. Woraufhin dieser ihr einen eiskalten Martini mixte und servierte. Die alte Dame wählte damit den distinguiertesten Weg zum Rausch, wie Kerstin Ehmer und Beate Hindermann in ihrer wunderbaren *Schule des Trinkens* über den Dry Martini Cocktail schreiben. Steht er doch »für Haltung und den Vorsatz, sich von den absurden Zumutungen des Alltäglichen nicht das Vergnügen rauben zu lassen, nicht zu kapitulieren, nicht gewöhnlich, langweilig oder hysterisch zu werden. Stilempfinden, Gelassenheit und die Fähigkeit, immer eine Glasbreite über den Dingen zu stehen, zeichnen die großen Martinitrinker der Geschichte aus.«

Wobei der abendliche Martini nicht der erste Drink war, den die legendäre Queen Mum sich genehmigte: Schon mittags gab es einen Gin Tonic, und laut meiner englischen Freundin Deirdre heißt es, in der königlichen Handtasche habe sich stets

eine kleine Notration Wacholderschnaps befunden. Sicherlich hatte Elizabeth auch hin und wieder ein Schlückchen nötig, denn als sie 1923 die Frau von King George VI. wurde, war sie die erste »Bürgerliche« – wenn auch eine mit drei Schlössern und einem Gräfinnentitel –, die in die königliche Familie einheiratete. Damit war sie eine Außenseiterin, die aber mit ihrem Humor und Esprit frische Luft ins angestaubte Haus Windsor brachte. So soll sie bei der Besprechung ihres Begräbnisses bemerkt haben: »Ich bin mir nicht sicher, ob ich die Kerzen mag. Kann ich meine eigenen mitbringen?« Und als ihr einmal eine Fischgräte im Hals stecken blieb, lautete ihr Kommentar im Krankenwagen: »Nach all den Jahren des Angelns nehmen die Fische jetzt Rache.«

Ihren Sinn für Humor hat Queen Mum ihrer Tochter weniger umfänglich vererbt als die Trinkroutine, zu der auch für Elizabeth II. unbedingt ein 18-Uhr-Drink gehört, schließlich markiert er eine Art Übergangsritual vom Tag in den Feierabend – die Zauberstunde eben.

Spätestens ab der Lebensmitte sollte man, noch mehr als ohnehin, jeden Tag genießen und wie das geht, lebte die Königinmutter, die auch leidenschaftlich gern angelte und auf der Pferderennbahn zockte, nicht nur mit diesem Ritual vor. Sie war viele Jahre das beliebteste Mitglied der britischen Königsfamilie, berühmt für ihre amüsanten Sprüche und wurde rekordverdächtige 101 Jahre alt.

UNBETEILIGTES BEOBACHTEN

Kleinkinder stecken eine Weile lang alles, was sie greifen können, in den Mund und erkunden dadurch auf intensive Weise die Welt. Dass wir als Erwachsene noch immer eine Vorstellung davon haben, wie Tapete oder eine Handvoll Sand schmeckt, verdanken wir dieser Phase grenzenloser Entdeckerlust, an der sich genau genommen lange Zeit nur ihr äußerer Ausdruck ändert. Denn bis man die Mitte des Lebens erreicht, will man sich eigentlich auch alles, was einem gefällt, einverleiben: Man sieht ein schönes Kleidungsstück, eine(n) attraktive(n) Mann/Frau, eine verlockende Speise und will es/ihn/sie haben. Da einem das natürlich nicht immer gelingt, ist man ständig frustriert.

Bis einem eines Tages auffällt, so mein Freund Thorsten (52), dass nun eine Frau am Café vorbeigehen kann, deren Schönheit man zwar durchaus noch wahrnimmt, sich aber ansonsten nichts mehr dabei denkt. Aus der teilnehmenden Beobachtung ist interesseloses Wohlgefallen geworden, wie es der Philosoph Immanuel Kant nannte. Man lässt das teure Kleid ohne Bedauern auf der Stange hängen

und die Frau vorübergehen wie einen schönen Sommerabend. Eine angenehm entspannte, gleichwohl vielversprechende und erkenntnisreiche Haltung zur Welt.

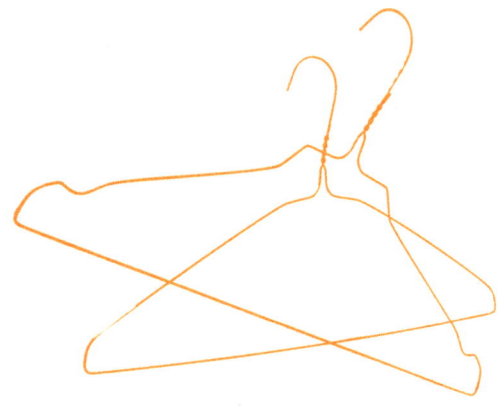

PEDIKÜRE

Sich Hornhaut und Hühneraugen von fremden Leuten, die vor einem knien, entfernen zu lassen – etwas Schlimmeres kann man sich als junger Mensch kaum vorstellen. Podologie existiert sowieso nur für alte Leute, denkt man mit zwanzig. Dabei legte schon im antiken Zweistromland jeder, der etwas auf sich hielt, die Füße in fachkundige Hände. Gepflegte Finger- und Zehennägel waren ein Statussymbol, so wie für manche heute das Auto oder Mobiltelefon. Die Farbe des Nagellacks signalisierte im China um 3000 vor Christus die Klassenzugehörigkeit. Rot und schwarz durften nur königliche Nägel bepinselt werden, und zwar die beider Geschlechter. Denn auch Männer ließen ihre Nägel möglichst lang wachsen, um zu zeigen, dass sie keine schwere Arbeit verrichten mussten. Unter der ägyptischen Königin Kleopatra wurden ebenfalls fleißig Nägel lackiert, bevor ihre Krieger in die Schlacht zogen, und ebenso vor der allerletzten Reise. Archäologen fanden in Gräbern nicht nur perfekt manikürte und pedikürte Mumien, sondern auch Fußpflegeutensilien wie Nagelfeilen, Hornhautraspeln und Nagellack.

Diese außerordentliche Wertschätzung der Podologie verwundert einen nicht mehr, sobald man sich erst einmal selbst Hornhaut und Hühneraugen hat entfernen lassen. Vielmehr fragt man sich, warum man nicht schon früher diese Wohltäter der Menschheit aufgesucht hat. Abgesehen von der erquickenden Wirkung der abschließenden Fußmassage, sehen Hornhaut und Hühneraugen auch einfach nicht gut aus. Leider nicht das einzige Gebiet, auf dem man eindeutig mehr Aufwand betreiben muss (Frisur, Kosmetik, Klamotten) als in jungen Jahren, als man ungekämmt in einem Fünf-Euro-T-Shirt unter die Leute gehen konnte.

Auch Prominente wie Robert de Niro, Cate Blanchett oder Gwyneth Paltrow lassen sich die Füße pflegen, standesgemäß vom internationalen Star der Fußpflegerszene, dem Franzosen Bastien Gonzalez. Dessen Mission ist es, Mensch und Fuß in Einklang zu bringen und die Leute zu überzeugen, ihren Füßen mehr Liebe und Aufmerksamkeit zu schenken. Eine kurze Massage vor dem Schlafengehen, erklärt Gonzalez, und »Sie werden sehen, Sie sind danach ein glücklicherer Mensch«.

Gonzalez' Kollegin, die Schriftstellerin Katja Oskamp, die in einer Schreibkrise begann, in Berlin-Marzahn als Fußpflegerin zu arbeiten, hört nicht

immer nur die Geschichten glücklicher Menschen, während sie vor ihren Kunden kauert und deren Füße wäscht, hobelt und massiert. In ihrem Buch *Marzahn mon amour* erzählt Katja Oskamp Tragödien und Komödien aus ihrem Studio in der Hochhaussiedlung. Etwa die Geschichte der patenten Peggy Engelmann, die stets mit makellosen Füßen zur Fußpflege erscheint, weil eigentlich ihr Freund Mirko dran wäre, der sich aber nicht traut. Oder Frau Janusch, die fünfzehn Jahre lang ihren kranken Peter betreut hat und deren Eheleben mehr über deutsch-deutsche Geschichte erzählt als manche historische Abhandlung. So wie die Chinesische Medizin davon ausgeht, dass der Fuß den gesamten Organismus in Miniatur abbildet, spiegeln Katja Oskamps Storys die ganze Welt in einem kleinen Fußpflegestudio.

SAUERTEIGBROT BACKEN

Seit mein Freund Jörg, der bei dem Wiener Koch- und Filmkünstler Peter Kubelka am Frankfurter Städel studiert hat und seit vielen Jahren mit künstlerischen Mitteln Abendbrotgewohnheiten erforscht, mir eine Portion seines Sauerteigs geschenkt hat, backe ich regelmäßig Brot. Nicht etwa knochenhartes, schrumpeliges Körnerbrot oder Pseudoselbstgebackenes aus dem Backautomaten, sondern richtiges Sauerteigbrot. Weil das an guten Tagen aussieht wie aus einem der angesagten Metropolen-Brotläden, die nichts anderes machen, als den Dorfbäcker zu imitieren, essen es sogar die Kinder gerne. Und es ist zutiefst befriedigend, ein Grundnahrungsmittel wie Brot in so hoher Qualität selbst herstellen zu können.

Spätestens nach vierzehn Tagen muss der Sauerteig gepflegt, also mit Mehl und Wasser gefüttert werden, weshalb er rasch zu einer Art Hausfreund wird, um den man sich kümmern muss, der aber keinen Lärm und auch nur wenig Dreck macht. Womöglich sind wegen der engen persönlichen Bindung, die man als Hobbybäcker zu seinem

Sauerteig aufbaut, Sauerteigbörsen entstanden, an denen diese bescheidenen Freunde vorgezeigt, gepriesen und ausgetauscht werden. Jörg traf bei einer solchen Gelegenheit den Besitzer eines siebzig Jahre alten Sauerteigs!

Man kann mit dieser Substanz aber nicht nur alt werden, sondern sich auch wieder jung fühlen. Denn das Backen, Hegen und Pflegen des Sauerteigs erinnert an »Hermann«, der sich unter den Pseudonymen »Glückskuchen« oder »Vatikanbrot« in den 1980er-Jahren epidemisch verbreitete und eine Zeit lang sämtliche Kühlschränke bewohnte. Nur hatte Hermann nie eine echte Überlebenschance, weil man viel zu jung war, um sich ernsthaft mit diesem stillen Freund zu beschäftigen.

SELTSAME DINGE SAMMELN

Ob Autogramme, Schmetterlinge oder Weihnachtsmänner – sammeln kann man alles und damit zu einem glücklichen Menschen werden, wie Goethe meinte, der selbst besessen Bücher, Handschriften, Mineralien und Zeichnungen zusammentrug. Wobei derart gediegene Gegenstände gar nicht nötig sind, um den »Kampf gegen die Zerstreuung« aufzunehmen, den wiederum der Philosoph Walter Benjamin für ein Grundmotiv des Sammlers hielt. Tatsächlich schafft jeder Sammelnde seine ganz eigene Ordnung und wird so zum Herrscher über ein nur ihm zugängliches und verständliches Universum, das noch dazu beständig gepflegt, erweitert und präsentiert werden muss. Untätigkeit oder Langeweile kennt der passionierte Sammler nicht, ist er doch stets auf der Jagd nach dem nächsten Prachtstück und hat beständig ein Ziel vor Augen.

Schon Kinder frönen begeistert diesem Urtrieb, den wir von unseren Vorfahren aus der Altsteinzeit übernommen haben. Sie sammeln Fußballbildchen, Barbiepuppen oder, wie in meinem Fall, hübsch verpackte, wohlriechende Hotelseifen, die

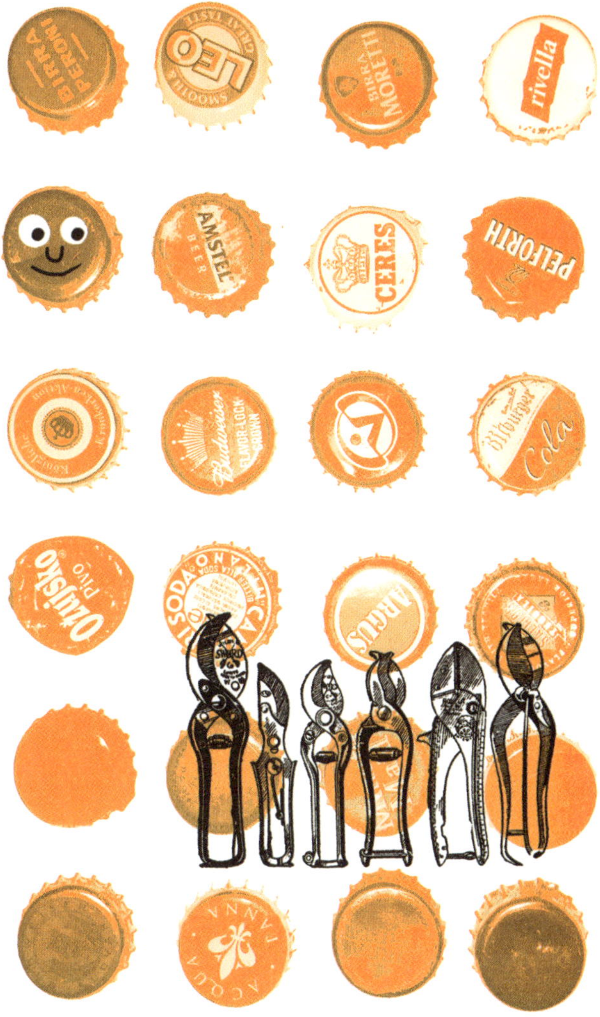
BIRRA PERONI
LEO
BIRRA MORETTI
rivella
AMSTEL BEER
CERES
PELFORTH
Budweiser
FLAVOR-LOCK CROWN
Cola
Ožujsko Pivo
SODA
ARGUS
ACQUA PANNA

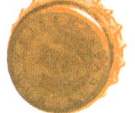

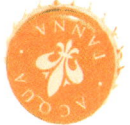

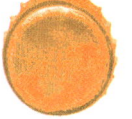

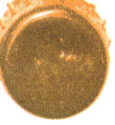

mein Vater mir von seinen Reisen in solchen Mengen mitbrachte, dass ich noch heute von diesem frühzeitig angelegten Vorrat zehre. Sammellust kann also auch praktische Vorteile mit sich bringen und nicht nur Raumnöte erzeugen. Und wie meine Hotelseifensammlung zeigt oder auch die Duschhaubensammlung, von der der österreichische Schriftsteller Karl-Markus Gauß in seinem Buch *Abenteuerliche Reise durch mein Zimmer* berichtet, können sich selbst die unspektakulärsten Gegenstände zu einer originellen Erinnerungsgalerie fügen.

Wer seinen kindlichen Jagd- und Sammeltrieb nicht überwindet und pathologisch weiterhortet, gilt dank Freud als »analer Charakter«, wobei der Erfinder der Psychoanalyse selbst Herr einer beeindruckenden Kollektion mit mehr als dreitausend Stücken war, darunter antike Statuetten, Skarabäen und Ringe. Er wusste also, wovon er sprach, wenn er das Sammeln als Ersatzbefriedigung, etwa für mangelnden sexuellen Erfolg, interpretierte.

Was auch immer dahinterstecken mag – Sammeln bereitet Freude, und je älter man wird, umso absurder darf das Objekt der Begierde sein. Jedenfalls besser nicht seriös, gesetzt oder was es noch so alles für Grauzonen gibt, in denen man sich als reiferer Mensch mental aufhalten soll. Es reicht schon, dass wir gewissenhaft und brav den Hausmüll und die Belege für die Steuer sammeln. Fotos von Leuten mit Tränensäcken (Horst Tappert, Fethullah Gülen), die eigenen Bartstoppeln, verpasste Gelegenheiten oder sonst irgendeinen Quatsch zu sammeln, kann ein herrlicher Zeitvertreib sein, und bei Tauschbörsen, Flohmärkten oder in Vereinen lernt man genügend Gleichgesinnte kennen, die den Spleen verstehen, über den alle anderen höchstwahrscheinlich nur den Kopf schütteln werden.

BAHNEN ZIEHEN

Türkisblau glitzert das Becken in der Sonne, bunte Badekappen hüpfen über die Wasseroberfläche. Die fröhlichen Kinderstimmen von der Wiese und die Angstlustschreie vom 10-Meter-Turm sind nur mehr von ferne zu hören, sobald man kopfüber eintaucht in eine der weiß-rot markierten, schnurgeraden Bahnen. Fünfzig Meter, einen kräftigen Zug nach dem anderen, wenden und weiter dahingleiten, als ob die Bahn niemals aufhörte.

Wie gleichmäßige, fast monotone Bewegungsabläufe den Kopf frei machen für frische Gedanken, Einfälle und Gelüste, kann man bei kaum etwas so gut erfahren wie beim *Bahnen ziehen*, über das die ehemalige Olympia-Schwimmerin und Künstlerin Leanne Shapton ein autobiografisches Buch voller zauberhafter Bilder und Einfälle geschrieben hat: »Beim Schwimmen lasse ich die Gedanken schweifen. Ich rede mit mir selbst. Was ich durch die Schwimmbrille sehe, ist langweilig und verschwommen, bei jeder Bahn der gleiche Blick. Banale zusammenhanglose Erinnerungen blitzen lebhaft und willkürlich in meinem Kopf auf, eine

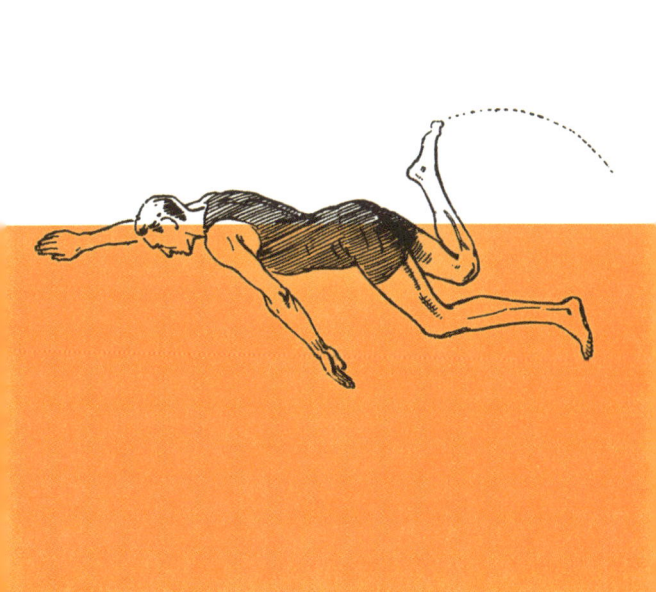

Diashow bunt gemischter Gedanken. Sie leuchten auf und verblassen, wie die Gedanken, die vor dem Einschlafen an einem vorbeiziehen, unwichtig oder mit wachsender Wucht, die sich zu Nervosität auflädt, bevor sie sich wieder auflöst.«

Bahnen ziehen kann man selbstverständlich auch laufend im Park, beim Radfahren, Rollerbladen, Langlaufen oder bei anderen eintönigen Bewegungsarten. Worum es geht, ist die Gleichförmigkeit, in der sich jener ruhige Lebensfluss ausdrückt, den man als jüngerer Mensch dauernd aufscheuchen und im durchaus positiven Sinn stören möchte. Jetzt ist man so weit, ihn auskosten und genießen zu können. Denn unter seiner Oberfläche liegen ungeahnte Aufregungen, deren Zeit dann gekommen ist, wenn man sich immer weiterbewegt und einfach wartet, bis sie sich zeigen.

EINE PLAYLIST FÜR DIE EIGENE BEERDIGUNG ZUSAMMENSTELLEN

Mit den Jahren häufen sich die Momente, in denen man an einem Grab steht und dabei nicht nur aufgrund des menschlichen Verlustes, sondern auch wegen der mangelhaften musikalischen Umrahmung schwer leiden muss. Wer seinen künftigen Trauergästen diesen unnötigen Zusatzschmerz ersparen möchte, sollte beizeiten eine Playlist zusammenstellen. Ganz in Ruhe dem Soundtrack des eigenen Lebens nachzulauschen, kann ein großes Vergnügen sein: Was im Hintergrund lief, als man zum ersten Mal knutschte; die Band, der man bis ins benachbarte Ausland hinterherreiste und sich als Autogrammjäger zum Mischobst machte; die Klänge, zu denen man verlegen, aber glücklich den Hochzeitstanz eröffnete, die Heul-Arie zum Scheidungsurteil und natürlich der peinliche Song, der einem schon immer Gänsehaut bereitete. Kaum etwas beamt einen so unmittelbar und intensiv in längst vergessene Lebensabschnittsfilme zurück wie Musik, weshalb die Zusammenstellung dieser ultimativen Individual-

Hitparade ziemlich aufwühlend werden kann. Aber gerade, weil sie wie ein Verstärker für akute Glücks-, Verzweiflungs- oder Melancholie-Zustände funktioniert, hört man schließlich Musik.

Längst vergessene Bilder oder Gerüche werden bei diesem Projekt wiedererwachen, das regelmäßig überprüft, erneuert und gepflegt werden sollte – schließlich ist man nicht so festgefahren, dass sich gar nichts Neues mehr auf dem heimischen Plattenteller bzw. der Playlist tut. Und damit es nicht gar zu oldfashioned wird, sollten mindestens ein oder zwei Playlist-Plätze für die Nachgeborenen (Kinder, Enkel, Patenkinder) frei bleiben. Damit die eigene Beerdigung nicht wie eine Ü50, Ü60, Ü70, Ü80 …-Party klingt.

JEDEN TAG EIN GEDICHT AUSWENDIG LERNEN

Obwohl sie nie in Frankreich war, sprach die Großmutter eines Schulfreundes noch als Achtzigjährige fließend ein rund siebzig Jahre zuvor erlerntes Schulfranzösisch und rezitierte auf Wunsch ellenlange Schillerballaden aus dem Gedächtnis. Um derartige Spitzenleistungen zu erbringen, löste die alte Dame weder Sudoku-Rätsel, noch praktizierte sie andere Gehirnjoggingparcours, die einem heute zur Stärkung von Konzentration und Gedächtnis nahegelegt werden. Vielmehr waren ihre grauen Zellen deshalb so fidel, weil sie jeden Tag ein Gedicht auswendig lernte und sich von den Versen ordentlich durchrütteln ließ. Denn wie der österreichische Lyriker Ernst Jandl meinte: »die rache / der sprache / ist das gedicht«. Rache meint in dem Fall: Die schönen, schrägen, über das Alltägliche hinausgehenden Sprachbilder und Wortfindungen guter Gedichte fordern die Fantasie heraus, schärfen das eigene Sprachgefühl und bringen festgefahrene Vorstellungen angenehm ins Wanken.

Prägt man sich regelmäßig solche Racheengel ein, wirkt sich das in vielerlei Hinsicht positiv aus.

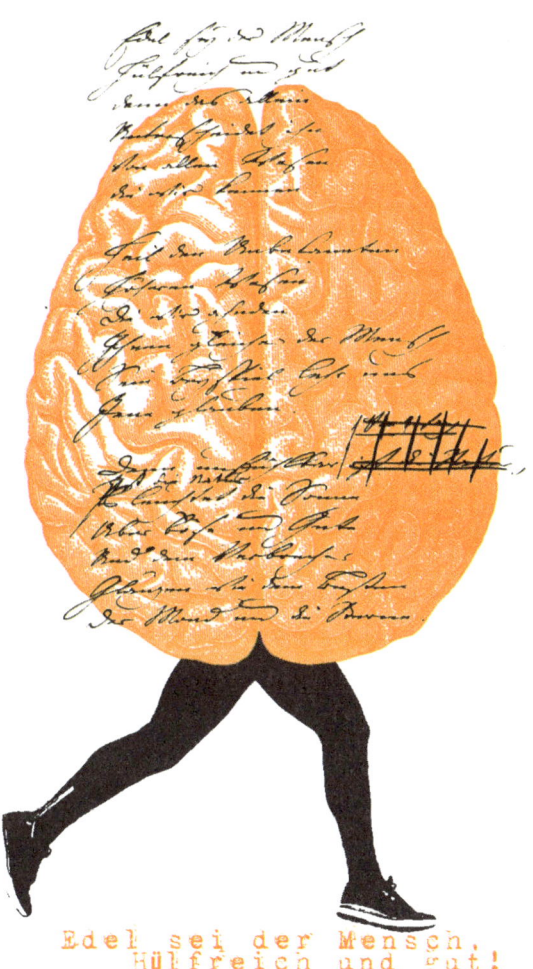

Edel sei der Mensch,
Hülfreich und gut!
Denn das allein...

Denn Auswendiglernen ist nicht nur das perfekte Gedächtnistraining, sondern man verschafft sich durch diese kleine Anstrengung auch eine individuell gestaltete, jederzeit verfügbare Bibliothek. Was umso wichtiger ist, seit alle ihre Speicher in die Hosen- bzw. Handtaschen verlagert haben und sich damit heillos von Akkulaufzeiten, Ladekabeln und Empfangsmöglichkeiten abhängig machen. Dabei gilt: »Nur was man im Innern hat, ist sicher«, wie die britische Autorin Jeanette Winterson in ihrem autobiografisch geprägten Roman *Warum glücklich statt einfach nur normal?* schreibt. Darin erzählt sie, wie sie als Jugendliche ganze Passagen ihrer Lieblingsbücher auswendig lernte, um sie vor ihrer garstigen Adoptivmutter zu retten, die ihre aus der Bibliothek entliehenen Bücher für Teufelszeug hielt und nicht davor zurückschreckte, sie aus dem Fenster zu werfen und vor dem Haus anzuzünden.

Auch in weniger brenzligen Situationen kann es hilfreich sein, sich an ein gutes Gedicht zu erinnern: Lange Wartezeiten beim Arzt oder schlaflose Nächte sind weniger quälend, wenn man sich (ohne das Licht anschalten zu müssen) gut gewählte Worte vergegenwärtigen kann. So wie die Menschen im 18. Jahrhundert noch Bibelsprüche auswendig lernten und sich in schweren Lebenslagen ins Gedächtnis riefen, schenkt die älteste Form der Literatur, die Lyrik, Trost und Freude. Und sie rüttelt auf, schmeichelt, nervt und kitzelt Hirn und Herz.

ETWAS ZUM ERSTEN MAL TUN

Der erste Kuss, der erste Liebeskummer, das erste Mal, aber auch die erste Reise ohne Eltern, die erste Nacht in der eigenen Wohnung oder der erste Arbeitstag sind einmalig und unvergesslich. Obwohl der erste Kuss wahrscheinlich nicht der beste war, den man je erleben wird, sind mit ihm Gefühle explodiert, die es weder vorher noch nachher in dieser Mischung wieder geben wird. Nichts wirbelt alles derartig durcheinander, dass man nicht mehr weiß, wo oben und unten ist. Hermann Hesses berühmter Satz »Jedem Anfang wohnt ein Zauber inne« ist dafür eher ein Hilfsausdruck.

Allerdings ist jedes erste Mal auch ein letztes Mal. Denn schon der zweite Kuss ist gewissermaßen nur eine Variation des ersten, was genau genommen auch für alle folgenden gilt. Und je älter man wird, umso schwieriger wird es, etwas zum ersten Mal zu erleben. Wie viel man schon probiert, verworfen, erneut begonnen hat. Was soll einen da noch wirklich überraschen oder im besten Sinne umhauen?

In Wahrheit ist man nur zu träge geworden, um den Dingen nachzugehen, die man sich bislang

nicht getraut hat, sich nicht leisten konnte oder was auch immer man für Ausreden parat hat, um sich selbst leidzutun. Die Australierin Bronnie Ware hat ein Buch veröffentlicht über fünf Dinge, die Sterbende am meisten bereuen, und das waren vor allem Dinge, die diese Menschen nicht getan hatten.

Also los! Es muss ja nicht gleich ein Sprung mit dem Fallschirm sein, aber die Richtung ist gar nicht schlecht. Ob man zum ersten Mal allein in Urlaub fährt, eine Kontaktanzeige aufgibt, einen Swingerclub aufsucht oder sein eigenes Gemüse anbaut, Aquarelle malt oder einen Tanzkurs bucht – es geht nur darum, die Luke aufzureißen und abzuspringen. Denn nichts macht so wach wie ein erstes Mal.

ZU HAUSE BLEIBEN

Essenseinladungen, Partys und Premieren – alles musste man früher mitnehmen, egal wie müde oder unlustig man sich schon auf dem Weg zum Ort des Geschehens fühlte. Schleppende Gespräche mit langweiligen Tischnachbarn, Theateraufführungen, die noch schlechter waren als der lauwarme Weißwein auf der anschließenden Premierenfeier, Betriebsweihnachtsfeiern, die nach peinlichen Annäherungsversuchen unattraktiver Kollegen abrupt beendet werden mussten.

Freilich gab es auch ekstatische Sternstunden, und an genau die kann man sich im reiferen Alter genüsslich erinnern, während man die 768. Einladung kaltherzig verstreichen lässt, sich stattdessen einen vortrefflichen Wein gönnt – schließlich spart man die Taxikosten – und einfach nur auf der Couch herumlümmelt.

Die Aussicht, einen Abend allein zu verbringen, scheint ohnehin mit jedem Lebensjahr verlockender zu werden. Wovor einem früher regelrecht grauste, entwickelt nun eine andere Qualität, und das Alleinsein wird mehr zum angenehmen Fürsichsein. Gut, wenn man als junger Mensch, mit physischer Kondition im Überfluss, genug erlebt hat, um sich später daran erinnern zu können und es nicht mehr unbedingt machen zu müssen.

BIKINI TRAGEN

Wer schon einmal an italienischen Stränden baden war, weiß, dass dort alle Frauen, egal welchen Alters, Bikini tragen und darin, ob mit oder ohne Speckfalten, seit mindestens 1700 Jahren eine ziemlich gute Figur machen. Aus dieser Zeit stammt ein Mosaik in der Villa Romana del Casala auf Sizilien, das Frauen in zweiteiligen Kleidungsstücken zeigt. Dass wir diese heute unter dem Namen Bikini kennen, ist dem französischen Ingenieur Louis Réard zu verdanken. Als der 52-jährige Inhaber eines Unterwäschegeschäfts im Sommer 1946 zum ersten Mal seinen äußerst knappen Zweiteiler präsentieren wollte, musste eine Nacktänzerin als Model einspringen, weil kein Pariser Mannequin dazu bereit war, sich derart unverhüllt zu zeigen. Tatsächlich waren die zwei winzigen Stoffstücke eine Art modische Explosion. Réard hatte sie auch nicht umsonst nach dem winzigen paradiesischen Atoll im Pazifischen Ozean benannt, auf dem vier Tage vor seiner Präsentation der erste Atomwaffentest nach dem Krieg stattgefunden hatte. Mit seinem bunten Bikini wollte Réard den vom Zweiten

Weltkrieg gezeichneten Menschen ein Stück Lebensfreude zurückgeben und zeigen, dass es sich lohnt, jeden Moment auszukosten. Anstatt also verschämt und missmutig den feuchten Badeanzug* von der Körpermitte zu zupfen, sollten Frauen, denen danach ist, ihre flachen, runden, faltigen, unförmigen Bäuche selbstbewusst und lustvoll in die Sonne strecken. So wie es all die jungen, alten, dicken und dünnen Männerbäuche schließlich auch tun.

*der sehr viel besser zum »Bahnen ziehen« als zum Sonnenbaden geeignet ist.

TICKS UND MACKEN PFLEGEN

Der belgische Surrealist René Magritte hasste Pfadfinder und den Geruch von Öl, der kanadische Pianist Glenn Gould spielte nur auf einem wackligen Stuhl Klavier, Cäsar und Wallenstein konnten das Miauen von Katzen nicht ausstehen, Albert Einstein stopfte seine Pfeife am liebsten mit Tabakresten, die er aus auf der Straße gefundenen Zigarettenkippen kratzte. Siegfried Kracauer hatte eine schwere Aversion dagegen, sein Geburtsdatum zu veröffentlichen, und die Literaturwissenschaftlerin Silvia Bovenschen, die derartiger Über-Empfindlichkeit ein Buch widmete, war »angewidert von den Wörtern ›schmackhaft‹ und ›bekömmlich‹«. Die Spielarten von Macken, Ticks und Idiosynkrasien sind schier unendlich und werden häufig durch die Macken, Ticks und Angewohnheiten anderer Menschen ausgelöst. Dazu gehören z. B. deren Atem-, Kau- oder Schluckgeräusche, von denen sich die sympathische Gruppe der Misophoniker so malträtiert fühlt, dass diese Hochsensiblen soziale Isolation oder Gegenwehr durch Handgreiflichkeiten den quälenden Geräuschen ihrer Mitmenschen vorziehen. Da Idiosynkrasien mit zunehmendem Alter weder abnehmen noch weniger intensiv werden und man inzwischen auch begriffen hat, dass sich einiges, aber nicht alles im Leben ändern lässt, ist jetzt die Zeit der gelassenen Mackenpflege gekommen. Denn die meisten exzentrischen Schrullen dienen, wie man inzwischen weiß, dem Spannungsabbau oder bringen, wie eigentlich alle Rituale, emotionale Sicherheit und sind entsprechend gesund.

Also genüsslich beim Spazierengehen darauf achten, nicht auf die Gehwegfugen zu treten, zu Hause die Teppichfransen gerade kämmen oder dem eigenen Auto einen schönen Abend wünschen, bevor man es abschließt. Angepasst hat man sich schließlich lange genug, und eine leichte Kauzigkeit schärft ab einem gewissen Alter Charakter und Persönlichkeit.

EINE KUR MACHEN
UND EINEN KURSCHATTEN FINDEN

Eine Kur klingt erst einmal mehr nach schmatzenden Gummisandalen und schlappen Fenchelteebeuteln als nach lustvoller Inspiration. In jüngeren Jahren würde man deshalb wohl nur unter Protest, wenn es sich gesundheitlich überhaupt nicht vermeiden lässt oder heimlich eine solche Maßnahme absolvieren. Dabei können Bäderaufenthalte zu Wendepunkten im Leben werden: Warme Moorpackungen, frische See- oder Bergluft, entspannende Massagen und purzelnde Pfunde lockern die rekonvaleszenten Körper und Seelen auf, sodass sich nicht nur beim Tanztee im Kurcafé anregende Begegnungen mit dem anderen Geschlecht wie von selbst ergeben.

Wozu sicher auch die Eintönigkeit der Behandlungen beiträgt, was einmal mehr zeigt, wie produktiv Langeweile sein kann. Schon Goethe, der ein passionierter Kurgeher war und sich in Marienbad noch mit über siebzig in eine Siebzehnjährige verliebte, bemerkte: »Eine kleine Liebschaft ist das Einzige, was uns einen Badeaufenthalt erträglich macht, ansonsten stirbt man vor langer Weile.«

Goethe und auch Kafka liebten und litten wider die Langeweile in Marienbad, in den Augen Jan Nerudas glich der Kurort sogar einer Märchenprinzessin. Ohnehin wurde im 18. und 19. Jahrhundert weniger aus gesundheitlichen Gründen gekurt, sondern weil es Spaß machte. An exklusiven Badeorten wie Baden-Baden oder Teplitz bildeten sich Salons, in denen Künstler, Intellektuelle und Vergnügungssüchtige auch deshalb so gerne zusammenkamen, weil die gesellschaftlichen Umgangsformen lockerer waren und sich Kontakte, auch über Standesgrenzen hinweg, leichter knüpfen ließen.

Bis heute scheinen beim Kuren die gesellschaftlichen Regeln außer Kraft gesetzt zu sein. Mein Lieblingsonkel wurde vor mittlerweile dreiundzwanzig Jahren von zwei beherzten Tänzerinnen bei der Damenwahl entdeckt und ist mit einer der beiden bis heute verheiratet. Und selbst meine früh verwitwete Großmutter brachte von ihrer Kur in Bad Mergentheim einen geheimnisvollen Bekannten mit, zu dem sie nach intensivem Briefwechsel einige Monate verschwand. Offenbar kann eine Kur tatsächlich nicht nur für Gelenke oder Atemwege heilsam sein, sondern in einem eher ganzheitlichen Sinn. Und sollte sich erotisch doch nichts tun, bietet die Weltliteratur mehr als genug Bäderaffären, Liebesbeziehungen und inspirierende Freundschaften für einen mindestens sechswöchigen Kuraufenthalt.

DIE HAARE WACHSEN LASSEN

Kurze oder lange Haare – diese Frage stellt sich für viele Männer ab einem gewissen Alter nicht mehr, weil schlichtweg nichts mehr da ist, was noch wachsen könnte. Erstaunlicherweise entscheidet sich aber auch ein Großteil der reiferen Frauen für den praktischen Kurzhaarschnitt, was mir auch mein Friseur bestätigte. Womöglich ist der Griff zur Schere für viele ein Abschiedsritual von der Fruchtbarkeit, für die langes Haar ein kulturübergreifendes Symbol ist? Oder ein Statement wie der emanzipierte Bubikopf in den Goldenen Zwanzigern, der Irokese für die Punks oder der Vollbart für männliche Metropolen-Hipster? Dabei haben auch lange Haare noch vor nicht allzu langer Zeit eine ganze Elterngeneration auf die Palme gebracht, weshalb in jeder üppigen Mähne immer ein bisschen Hippie-Flair mitschwingt. Und selbst ein Dutt, für den es nun mal lange Haare braucht, gilt längst nicht mehr als gouvernantenhafter Fräulein-Rottenmeier-Look, sondern kann den Hinterkopf eines metrosexuellen Westeuropäers cooler wirken lassen als einen Samurai.

Geht es beim beherzten Griff zur Schere nur darum, dass kurze Haare »praktischer«, also pflegeleichter sind – was auch auf Funktionskleidung und bequemes Schuhwerk zutrifft –, lohnt es sich, ganz bewusst das Unpraktische zu wählen. Denn die etwas umständliche Pflege einer längeren Mähne kann zum genüsslichen Ritual werden, für das man sich die nötige Zeit eben nehmen muss.

Vor allem ist eine Hochsteckfrisur oder ein wehender Schopf (egal ob gefärbt oder in diversen Grau-Weiß-Schattierungen) sehr viel sinnlicher, eleganter und sinnloser, und verhält sich genau wie ein schöner Wollmantel im Vergleich zur wasserabweisenden Goretex-Jacke. Rein optisch geht es also darum, ob man eher wie Angela Merkel und Theresa May oder wie Jeanne Moreau und Iris Berben altern möchte. Wer mehr Spaß hat, kann man sich unschwer vorstellen.

VOLKSTÄNZE

Irgendwann stellt man fest, dass man sich nicht mehr mit Freunden und Bekannten in Clubs, Discos oder in nächtlichen Parks verabredet, sondern geselliges Beisammensein fast immer bedeutet, mit anderen um einen Tisch zu sitzen und bei guten Speisen und Getränken Konversation zu betreiben. Wem dabei häufiger die Beine unterm Tisch zucken, weil er lieber mal wieder tanzen würde, könnte es mit Volkstänzen wie Squaredance oder Milonga probieren. Beide erfordern nicht nur körperliche Standfestigkeit und Beweglichkeit, sondern auch Konzentration und Geistesgegenwart. Im Gegenzug bieten diese Gesellschaftstänze verlässliche Regeln, die auch Anfängern die Orientierung erleichtern, und ein hohes Maß an sozialer Abwechslung, da durch die verschiedenen Tanzfiguren ständig neue Paarungen entstehen.

Bei einer Milonga nehmen die Teilnehmer rund um die Tanzfläche Platz, die Herren fordern durch Blickkontakt (Mirada) auf, die Damen stimmen per Kopfnicken (Cabeceo) zu. Da derart traditionelle Rollenspiele nicht mehr überall als politisch korrekt gelten, gibt es längst auch Damenwahl- sowie Homo- und Queer-Milongas.

Trotz aller Gleichberechtigung kommt man bei einer Milonga aber nicht darum herum, dass einer/eine führen und der/die andere folgen muss. Ist man bereit, diese Grundbedingung zu akzeptieren, kann man auch mit achtzig noch mitwirbeln. Milongas und andere Volkstänze sind nicht nur generationenübergreifend, sondern auch international. Sie finden auf der ganzen Welt und oft an den überraschendsten Orten statt. So veranstaltet einer meiner Bekannten regelmäßig in seiner großen Küche Milongas, bei denen die Tänzer sich auch zu Rock- und Popmusik im Tangoschritt wiegen, was hervorragend funktioniert. Auch für Tango- oder Country-Musik-Hasser gibt es also keinen Grund, am Tisch sitzen zu bleiben.

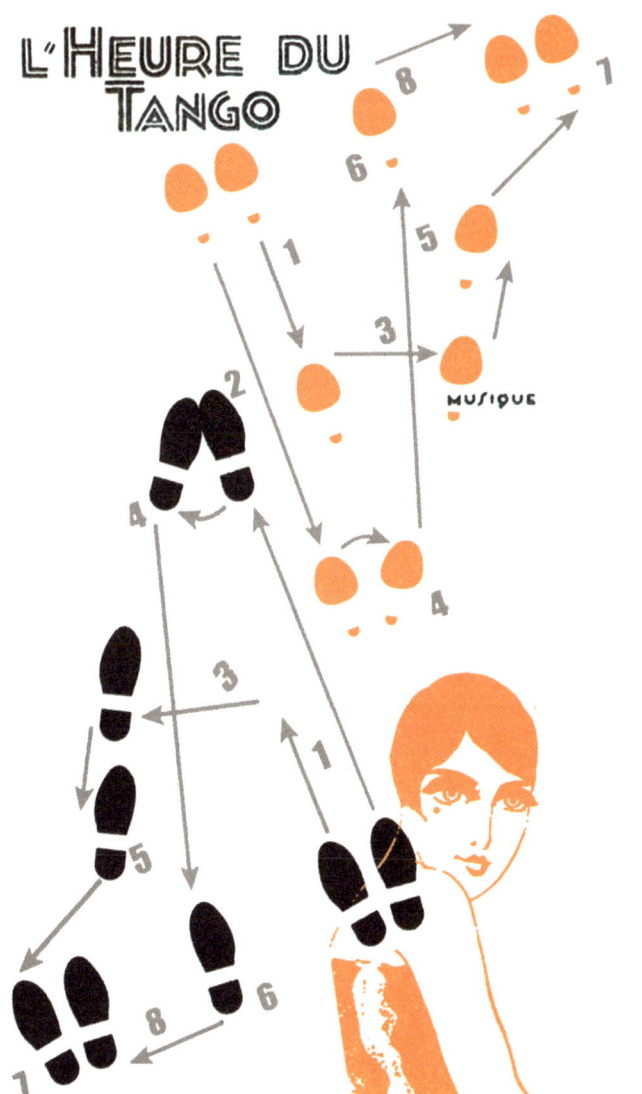

ZU FUSS GEHEN

Warum zu Fuß gehen, wenn es doch mit dem Auto viel schneller geht, fragen nicht nur Kinder. Antwort: Weil es schöner, aufregender, lebendiger ist, durch das eigene Viertel, eine fremde Stadt oder die Natur zu gehen. Was ungesehen und unerhört an den Fahrenden vorüberrauscht, zeigt sich dem Gehenden in voller Pracht: ein unscheinbares Detail in der Fassade eines Hauses, ein kräftiger Geruch, der durchs Fenster auf die Straße weht, oder die Geräusche der sich bewegenden Eiswüste, die der norwegische Abenteurer, Verleger, Kunstsammler und Autor Erling Kagge bei seinem einsamen Gang zum Südpol ebenso zu unterscheiden lernte wie die Farbschattierungen des Schnees.

Wer zu Fuß von einem Ort zum anderen geht, verlängert sein Leben, und das nicht etwa nur, weil Bewegung den Blutdruck senkt und man wegen der frischen Luft seltener krank wird. Gehen bringt auch Gedanken und Gefühle in Bewegung. »Wenn ich mich nicht bewege, kann ich kaum denken, mein Körper muss gewissermaßen in

Schwung geraten, um auch meinen Geist zum Schwingen zu bringen«, schreibt Jean-Jacques Rousseau, der erste von zahlreichen bedeutenden Autoren, die darüber nachdachten, was es eigentlich heißt zu gehen.

Gehen heißt wach, mutig, ja tollkühn sein. Schwingt nicht sogar im kürzesten Fußweg die Möglichkeit mit, einfach auf und davon gehen zu können?! Loslaufen, aufbrechen und verschwinden! Von dieser Freiheit erzählt der Schriftsteller Tomas Espedal in seinem poetischen Buch *Gehen oder die Kunst, ein wildes und poetisches Leben zu führen*. Seit zweitausend Jahren denken Philosophen und Dichter über das Gehen, Flanieren und Spazieren nach. Der Schweizer Soziologe Lucius Burkhardt hat es sogar wissenschaftlich erforscht, und seine Promenadologie wird bis heute an der Universität Kassel unterrichtet.

Beim Gehen wird auf einfachste Weise der alte Traum, sich zu verwandeln, wirklich. Dennoch gehen immer weniger Menschen zu Fuß, in manchen Städten wie Los Angeles sind Fußgänger überhaupt nicht mehr vorgesehen. Nicht nur an diesen Orten hat es etwas Subversives, sich nicht hoch zu Ross, sondern gleichsam auf Augenhöhe durch die Straßen zu bewegen.

»Wenn ich mir die Schuhe anziehe und die Gedanken wandern lasse, bin ich mir einer Sache sicher: Einen Fuß vor den anderen zu setzen, gehört mit zum Wichtigsten, was wir tun«, schreibt Erling Kagge, der Anfang der 1990er-Jahre zu Fuß zum Nord- und zum Südpol und auf den Mount Everest gegangen ist. Derartige Extremtouren unternimmt der Vater dreier Töchter heute nicht mehr. Aber er geht jeden Tag zu Fuß ins Büro, und stocken seine Gedanken, nimmt er die Treppenstufen bis in den 4. Stock rückwärts. Gehen erinnert daran, dass überall ein Abenteuer beginnen kann. Man muss nur den ersten Schritt tun.

DIE ROCKY HORROR PICTURE SHOW ANSEHEN

Schminke, Korsagen und schrille Strapse, dazu ein Beutel voll Reis und ein paar Rollen Klopapier – mehr brauchte es in den 1980ern nicht, um eine wilde Party zu feiern, bei der das komplette Kino jeden Dialog und jeden Ohrwurm im Chor mit Meat Loaf und Susan Sarandon mitgrölen konnte. Geschlechtergrenzen, Promiskuität – vieles, worüber bis heute diskutiert wird, hebelte die Rocky Horror Picture Show aus und verbreitete selbst in abgelegenen Provinzkinos ein Gefühl von Freiheit und Abenteuer. Dabei war der Film, als er 1975 in die Kinos kam, zunächst nicht besonders erfolgreich, und es ist nur den ersten Fans, die immer wieder in die Show strömten, zu verdanken, dass Rocky Horror Kult wurde. Übrigens bis heute. In München läuft das Musical in den Museum-Lichtspielen seit dem 24. Juni 1977 jede Woche, ist also seit 40 Jahren ununterbrochen im Programm und noch immer tanzen und singen verkleidete Fans. Wer nicht (mehr) weiß, was er dafür braucht, kann sich an der Kasse ein Mitmach-Päckchen kaufen. Auch wenn man eigentlich möglichst selten in nos-

talgischen Jugenderinnerungen schwelgen sollte, kann man in diesem Fall eine Ausnahme machen. Mal wieder »The Time Warp« zu tanzen und mit Frank N. Furter, Riff Raff und Eddie »Don't dream it, be it!« zu grölen, ist eine lustige Art, sich zu erinnern, was wirklich wichtig ist im Leben.

TRAMPOLIN SPRINGEN

Die meisten werden es seit ihrer Kindheit nicht mehr getan haben, wie man ja ohnehin sehr viele Dinge, die einem bis zum Eintritt in die Pubertät großen Spaß bereitet haben, vor lauter Erwachsenwerden auf einmal seinlässt und schließlich verlernt. Deshalb sollte man nach jahrzehntelanger Abstinenz auch nicht gleich mit einem Salto auf die federnde Matte zurückhopsen, denn so kinderleicht, wie es aussieht, ist das Trampolinspringen tatsächlich nur für Kinder. Hüpft man im fortgeschrittenen Alter einfach wild drauflos, kann man schnell das Gleichgewicht verlieren, sich den Knöchel verknacksen, oder es wird einem schwindlig oder schlecht. Das vergeht aber, je öfter man wieder locker wie ein Flummi auf und ab springt. Das Rebounding (wie das auf Auf-der-Stelle-Hüpfen auch genannt wird) macht gute Laune, es ist perfekt für die Figur und wahnsinnig gesund. Nicht umsonst lässt die NASA schon seit den 1930er-Jahren ihre Astronauten als Vorbereitung auf die Schwerelosigkeit ein Trampolintraining durchlaufen. Auch wer nicht die Absicht hat, in den Weltraum zu fliegen, bringt mit dem regelmäßigen Durchrütteln von Körper und Hirn rund vierhundert Muskeln und sein Herz-Kreislauf-System in Schwung. Bereits nach kurzer Zeit regelmäßigen Springens lässt das unwürdige Geschnaufe beim Treppensteigen nach, der Gleichgewichtssinn wird besser, die steifen Knochen und Gelenke und sogar die Verdauung werden geschmeidiger. Vor allem aber kann man dabei, ohne Ticket und CO_2-Ausstoß, einfach abheben und losfliegen.

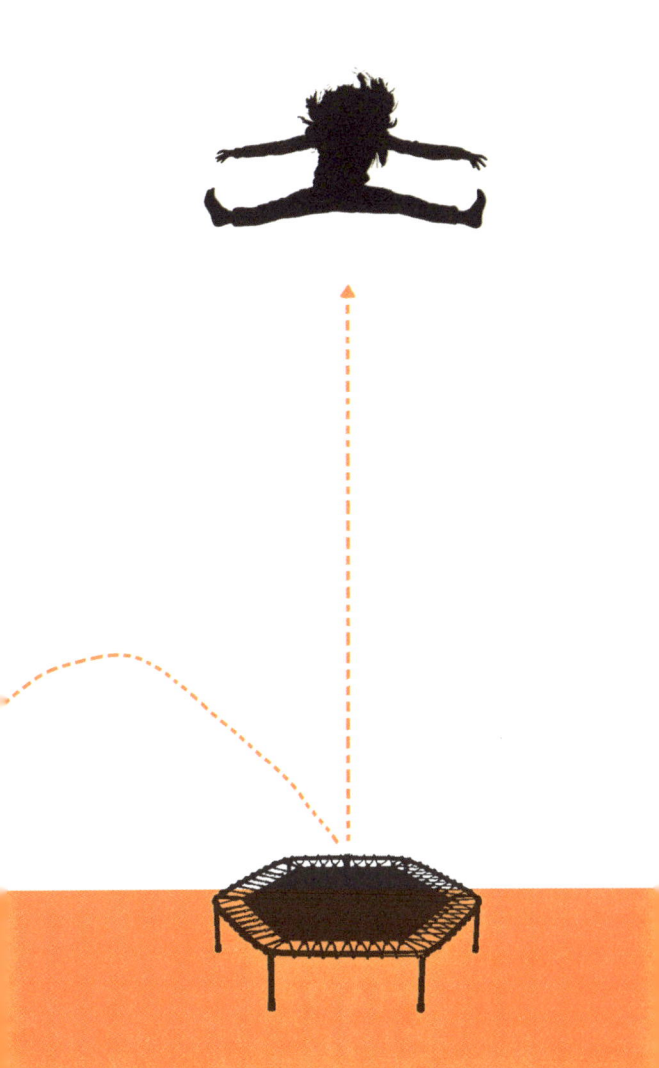

IN DER WOHNUNG
ABWESENDER FREUNDE LEBEN

Wenn die verbleibende Lebenszeit überschaubarer wird, stellt man sich öfter mal vor, wie es wäre, ein ganz anderes Leben zu führen und vielleicht als schlechtgelaunter Kriminalkommissar Tatorte zu sichern oder in idyllischer Lage eine kleine Frühstückspension zu betreiben. Dabei ist es gar nicht nötig, alles hinzuschmeißen und mühsam von vorne anzufangen. Es kann schon extrem belebend sein, in den Ferien die Wohnung von Freunden zu hüten. Leben diese in einer anderen Stadt oder einem anderen Land, wird womöglich schon der morgendliche Gang zum Bäcker ein überraschendes Erlebnis, und der zu Hause oft so eintönige Alltagskram beginnt, fremdartig zu funkeln. Aber auch am eigenen Wohnort ist es in einem anderem Domizil sehr viel abenteuerlicher als in den eigenen vier Wänden. Auch wenn die Wohnungen wirklich guter Freunde in ästhetischer Hinsicht den eigenen oft gar nicht so unähnlich sind, reichen die Unterschiede, um einen nachhaltig zu inspirieren. Im Idealfall hat das vorübergehende Quartier etwas Vertrautes, beinahe Anschmiegsames, erweitert

aber zugleich durch seine Andersartigkeit das Bekannte um überraschende Nuancen und Facetten. Verwundert liest man sich in herumliegenden Büchern und Zeitschriften fest, für die man sich sonst nie interessiert hätte, oder erkennt begeistert, dass man Geschirr, Schuhe oder Kosmetiktiegel im Bad so tatsächlich viel besser verstauen kann. Fremde Eierbecher, Bettwäsche und Sofalehnen helfen hervorragend dabei, sich für einige Tage oder Wochen fast wie ein anderer Mensch zu fühlen und sich probehalber zu verwandeln, meist um festzustellen, dass man es mit seinem eigenen Leben gar nicht so schlecht getroffen hat.

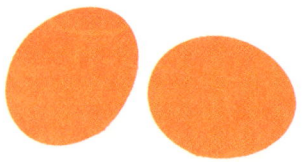

MAL WIEDER EINE RAUCHEN

Menschheitsgeschichtlich gesehen, ist es noch gar nicht lange her, dass Tabak als Heilmittel galt, dem wahre Wunderkräfte zugeschrieben wurden: Im präkolumbianischen Amerika wurden die Blätter der Pflanze auf Wunden und Schlangenbisse gelegt sowie gegen Zahnschmerzen eingenommen. Auch in Europa wurde, kaum dass der Tabak importiert war, gegen Pest, Bronchitis und Hautkrankheiten angequalmt, und der französische Botschafter in Lissabon Jean Nicot brachte bereits im Jahr 1560 mit der Pflanze angeblich sogar Tumore zum Verschwinden.

Vor allem aber ließ der kalte Rauch immer wieder eingefahrene Gemüter intellektuell wie emotional in schwindelerregende Höhen steigen: in vorrevolutionären Salons ebenso wie in den Kommunen der 68er. Und genau darum – weil das Rauchen stets als Zeichen von Emanzipation, Aufbruch und Freiheit galt, bei Partys die besten Gespräche meist in der Raucherecke stattfanden und imposante Erscheinungen wie Samuel Beckett, Humphrey Bogart, Marilyn Monroe, Helmut Schmidt und

Rudi Carrell eine nach der anderen quarzten (während Unsympathen wie Napoleon, Ludwig XIV. und Hitler natürlich gegen das laszive Laster wetterten) – genau deshalb fing man irgendwann auch damit an. Und mal ehrlich: Trotz Nikotinkater, Dauerhusten und fahler Haut war das nicht die schlechteste Zeit im Leben.

Heute, wo in den USA nicht einmal mehr den Todeskandidaten ihre letzte Zigarette gegönnt wird, muss man natürlich froh sein, zu den Nichtrauchern zu gehören, allein schon, weil es viel zu umständlich geworden ist, seiner Sucht genüsslich nachzugehen. Andererseits ... zu starrsinnig sollte man auch nicht werden, und seit man weiß, dass es kinderleicht ist aufzuhören, weil man es schon hundertmal probiert hat, wie Mark Twain richtig sagte, kann man gelegentlich auch mal wieder damit anfangen und sich für eine Zigarettenlänge verwegen, verrucht und ein bisschen verkommen fühlen. Schließlich raucht man nicht, obwohl, sondern weil es ungesund ist und einem mit jedem Glimmstängel auch ein Hauch von Sterblichkeit um die Nase weht. Womöglich stimmte sich genau darauf auch der Schriftsteller und Insektenforscher Ernst Jünger ein, der nicht nur täglich Champagner trank und kalt duschte, sondern im vorbildlichen

Alter von 99 Jahren wieder anfing, regelmäßig seine geliebten Dunhill International zu rauchen. Immerhin wurde er damit noch fast 103. Und was braucht man dazu? »Willen braucht man«, meinte Kettenraucher Helmut Schmidt, »und Zigaretten.«

EIN INSTRUMENT LERNEN

Die meisten Menschen, die nicht wie David Bowie schon als Zehnjährige wissen, dass sie ein berühmter Rockstar werden wollen und deshalb beinhart bei der Sache bleiben, verlieren irgendwann die Lust daran, sich weiter an einem Instrument abzuarbeiten, das sie sich zwar kurz zuvor noch glühend gewünscht haben, allerdings ohne zu ahnen, wie häufig man üben muss, damit es einigermaßen gut klingt.

Der absolute Tiefpunkt der musikalischen Früherziehung tritt häufig mit Beginn der Pubertät ein, wenn ein gewisses Vermögen zur Selbstreflexion einsetzt und man auf einmal selbst hört, was man da eigentlich zusammendilettiert. Dann den Klavierdeckel für immer zuzuschlagen, ist schade, wie die genervten Eltern in solchen Momenten völlig zu Recht anmerken. Und zwar nicht nur deshalb, weil jede Menge Geld und Nerven völlig umsonst ruiniert wurden, sondern weil es auch Freude bereitet, Musik zu machen, wenn man eingesehen hat, dass es eher nichts wird mit den Fußstapfen von David Bowie oder Anne-Sophie Mutter.

Derart überzogene Erwartungen trägt ohnehin kein Mensch mehr an einen heran, sobald man ein gewisses Alter erreicht hat, sodass man einfach loslegen kann mit dem Klimpern, Zupfen, Blasen oder Trommeln. Egal ob ein altes Instrument wieder ausgepackt und das einmal Gelernte aufgefrischt werden soll oder man ganz neu beginnt: Erstaunlicherweise macht eigentlich alles, was früher quälend war, jetzt besonders viel Spaß: üben, endlos wiederholen, ständig scheitern und alles wieder von vorne beginnen.

Wer das Glück hat, mit Gleichgesinnten zu fiedeln und zu brummen, wird auch am schrägen Klang und dem bloßen Versuch harmonischen Zusammenspiels Freude finden. Denn wie schon der Erfinder der 12-Ton-Musik Arnold Schönberg sagte, kommt Kunst nicht von Können, sondern von Müssen.

SICH VON JÜNGEREN DIE WELT ERKLÄREN LASSEN

Als Kind fiebert man jeder zusätzlichen Kerze auf der Geburtstagstorte entgegen und wünscht sich nichts sehnlicher, als endlich größer, älter und cooler zu sein. Zum Coolsein gehört auf jeden Fall, sich niemals von einem jüngeren Kind etwas sagen zu lassen. Unmöglich, sich als Fünftklässler auf dem Rasen von einem ballbegabten Drittklässler den komplizierten Piekenstoß beibringen zu lassen oder die kochbegabte kleine Schwester zu fragen, warum eigentlich die Spaghetti in der schon glühenden Bratpfanne einfach nicht weich werden.

Diese intellektuelle Hackordnung wird nur bei außergewöhnlich ungerecht verteilten Begabungen außer Kraft gesetzt, etwa wenn der kleine Bruder ein Mathegenie ist, und sie bleibt im Prinzip bis zum Ende des Erwerbslebens bestehen. Allerdings häufen sich im Laufe des Berufslebens die Fälle, bei denen die neuen, blutjung und unerfahren wirkenden Kollegen auf einmal Techniken und Fertigkeiten virtuos beherrschen, die einem selbst eher schwerfallen. Spätestens jetzt (besser aber schon weitaus früher) sollte man das »Jünger-ist-düm-

mer«-Prinzip für veraltet erklären und sich ernsthaft dafür interessieren, was jüngere Leute denken, welche Musik sie hören oder wie sie ihre Freizeit verbringen. Schafft man es, im Gespräch mit ihnen nicht alles, was sie erzählen, sofort zu bewerten und sich mit langatmigen Ausführungen darüber, dass früher alles schöner und besser war, selbst ins Abseits zu schießen, hat man vielleicht Glück, und sie nehmen einen mit auf ein Konzert, eine Demo, zum Bouldern, oder man guckt sich zusammen eine Serie an, über die gerade alle sprechen. Auch wenn man dabei feststellt, dass einem die bewährte Musik und die alten Lieblingsfilme doch näher sind, ist es schön, etwas von den Jüngeren (kennen-) zu lernen. Nur wer das partout nicht mehr will, ist wirklich alt. Oder wie es die österreichische Schriftstellerin Marie von Ebner-Eschenbach formulierte: »Man bleibt jung, solange man noch lernen, neue Gewohnheiten annehmen und Widerspruch ertragen kann.«

AN EINER STADTFÜHRUNG IN DER EIGENEN STADT TEILNEHMEN

»Lieber Gott, lass misch noch leewe – isch geh derr aach ins Geede-Haus!« (Lieber Gott, lass mich noch leben – ich geh dir auch ins Goethe-Haus), lautet ein Stoßgebet, das ein sterbender Frankfurter auf dem Totenbett zum Himmel geschickt haben soll. Die Abneigung der Frankfurter gegen Goethes Geburtshaus ist legendär, und ich gestehe, auch mir ist es in zehn herrlichen Frankfurter Jahren gelungen, diese Sehenswürdigkeit kein einziges Mal zu besuchen. Wo man zu Hause ist, will man nun mal kein Tourist sein und sich mit anderen Windjackenträgern auf dem Oberdeck eines Omnibusses oder Ausflugsdampfers um die besten Aussichtspunkte drängeln. Dabei lohnt es sich auch für Berliner durchaus, mal in den 100er-Bus zu steigen oder als Hamburger eine große Hafenrundfahrt zu absolvieren. Auch Goethes Frankfurter Schreibtisch, seine Bücher und Briefe, die dem rekonstruierten Fachwerkhaus im Großen Hirschgraben wenigstens einen Hauch von Authentizität verleihen, haben mich, viele Jahre nachdem ich aus Frankfurt weggezogen war, mehr berührt als erwartet.

Im fortgeschrittenen Alter sollte man nicht mehr warten, bis man einen Ort verlassen hat, um ihn endlich richtig kennenzulernen. Schließlich ist es sehr belebend, das Vertraute und Gewohnte, also alles, woran man tagtäglich achtlos vorübergeht, so zu betrachten, als wäre man zu Besuch. Mit wachem, neugierigem Blick durch die nächste Umgebung zu gehen, wird einem völlig neue Perspektiven eröffnen.

Und wer sich partout keiner geführten Stadtrundfahrt oder -wanderung anschließen möchte, kann sich an die berühmten Flaneure der (Literatur-)Geschichte halten und wie Charles Baudelaire, Walter Benjamin, Siegfried Kracauer, Robert Walser und Peter Handke melancholisch durch die Straßen streunen und bis an deren äußerste Peripherien vordringen. Bei dieser Art »Lektüre der Stadt«, wie der Flaneur Franz Hessel es nannte, wird man so viele neue Geschichten in den Straßen, Häusern und ihren Bewohnern lesen können, dass auch der matteste Alltag wieder zu funkeln beginnt.

VÖGEL BEOBACHTEN

Die meisten sehen toll aus, viele singen hinreißend, und vor allem können sie etwas, wovon der Mensch schon immer geträumt hat – sie fliegen! Das elegante Schweben, Gleiten und Flattern der Pappelwaldsänger, Blässrallen oder Gänsesäger ist für uns Erdenbürger so geheimnisvoll wie die Namen der gefiederten Freunde, denen man nie wirklich nahe kommt. Es sei denn, man verfügt über endlose Geduld und ein sehr gutes Fernglas. Ist beides vorhanden, gilt es, den Blick gen Himmel zu richten und abzuwarten. Eigentlich wie beim Meditieren, mit dem diese konzentrierte Achtsamkeitsübung ohnehin vieles gemeinsam hat. Taucht schließlich ein Vogel auf und erscheint durch das Fernglas ganz nah, erlebt der Betrachter einen Moment von einzigartiger Intensität, in dem Gegenwärtigkeit und Vergänglichkeit zugleich erfahrbar werden.

Wem es noch dazu gelingt, auch an den immer gleichen Luftbewohnern Freude zu finden und sich selbst von einer scheinbar gewöhnlichen Meise faszinieren zu lassen, übt sich darin, den Reiz des

Anfangs zu bewahren. Daran erinnert der ehemalige Verleger und passionierte Vogelbeobachter Arnulf Conradi in seinem Buch *Zen und die Kunst der Vogelbeobachtung:* »Die Meditation strebt nach nichts, sie steht für sich und genügt sich selbst. Auch die Vogelbeobachtung ist selbstgenügsam, sie ruht in sich, es geht nicht darum, etwas zu erreichen. Es geht darum, etwas zu sein.«

Das funktioniert natürlich auch, wenn man schon längst jemand ist oder war wie die berühmten Birdwatcher Agatha Christie, Ian Fleming, Fidel Castro, Mick Jagger und Jonathan Franzen. Der amerikanische Schriftsteller unternimmt bei seinen Lesereisen durch Europa gern Abstecher zu den Hotspots der Vogelbeobachter und hat es dabei schon fertiggebracht, bis zu vierzehn Stunden an ein und demselben Beobachtungsposten zu verharren. Was der Arbeit am Schreibtisch gar nicht mal unähnlich ist. Denn auch beim Schreiben gehe es vor allem darum, so Franzen, Geduld und Gespür für den richtigen Moment zu entwickeln. Und weil genau danach alle suchen, ist Birding längst kein Hobby mehr für alte, weiße Männer in beigen Popeline-Jacken. In Los Angeles treffen sich die Hipster auf dem Dach eines Hotels zum »Bird and Booze« – Trinken und Vogelbeobachten; in

Berlin tummeln sich die Vogelfreunde nach Feierabend im Tiergarten beim »after work birding«, und in London gibts sogar ein Bird-Festival. Wobei einen so viel Hipness nicht davon abhalten sollte, einfach hin und wieder mal den Kopf in den Nacken zu legen und zu schauen, was so vorbeifliegt. Schließlich besteht »die wahre Lebensweisheit […] darin, im Alltäglichen das Wunderbare zu sehen«, schrieb die amerikanische Literaturnobelpreisträgerin Pearl S. Buck.

SICH LANGWEILEN

Glück, Leidenschaft, Trauer und Verzweiflung – wenn es um Gefühle geht, interessieren uns vor allem die großen Emotionen, die zwar Kunst und Philosophie ergiebiges Material liefern, aber im Alltag eigentlich keine besonders große Rolle spielen. Im Gegensatz zu den fast schon kümmerlich und unscheinbar wirkenden emotionalen Kleinformen wie dem Behagen, der schlechten Laune, der Ungeduld oder auch der Langeweile. Letztere ertragen besonders Kinder nur schwer, weshalb sie ihre Eltern (die nichts lieber täten, als sich mal wieder zu langweilen) regelmäßig mit dem monoton heruntergeleierten Satz »Mir ist langweilig! Was soll ich denn machen?« quälen. Wer ihnen und sich etwas Gutes tun will, antwortet: »Am besten nichts!« Denn nur beim Nichtstun kann wirklich etwas entstehen bzw. der Mensch zu sich selbst kommen. »Nur aus der Langeweile kommen die besten Gedanken«, glaubt auch der österreichische Schriftsteller Wolf Haas: »Ohne Langeweile hätte der Mensch überhaupt nichts erfunden, keine Mondlandung, keinen Reißver-

schluss, keine perversen Sexspiele mit Reißverschlüssen an den unmöglichsten Stellen, nichts!«

Wie man sich diesem inspirierenden Zustand hingibt, kann man von dem großen Kabarettisten Gerhard Polt lernen, der ein passionierter Anhänger der »Fadesse« ist und bekennt: »Ich sinnlose vor mich hin, und das mit Begeisterung.« Auf die Frage, ob er das Gefühl habe, die Langeweile werde heute mehr denn je bekämpft, sagt Polt, der Unterschied zu früher sei, dass sie heute mit den Methoden der Langeweile bekämpft werde. Ständige Action, die gegen die Langeweile organisiert werde, sei erst recht langweilig. Die schöne Langeweile hingegen, die Muße, sei ein wunderbares »Herumschildkröteln«, bei dem nicht das Damoklesschwert der Produktivität über einem hänge, man einfach machen könne, was man wolle oder was einem gerade einfalle: »Wenn nichts passiert, passiert ja nur scheinbar nichts, weil irgendwas passiert ja immer, und wenn eine Ameise über'n Sandboden läuft oder Staubpartikel durchs Fenster sichtbar werden, weil die Sonne reinscheint. Die Frage ist, ob es einem gelingt, sich diesem Angebot zu öffnen.«

Wer diese Frage mit Nein beantworten muss, sollte dringend und am besten sofort mal ausgiebig nichts tun. Denn anders als die unermüdliche

Geschäftigkeit, die in unserer Leistungsgesellschaft erwartet wird, sind echter Müßiggang und tiefe Langeweile als Zustände äußerster Entspannung höchst belebend und inspirierend. Oder wie Friedrich Nietzsche bemerkte: »Wer sich völlig gegen die Langeweile verschanzt, verschanzt sich auch gegen sich selbst.«

IN JAZZCLUBS GEHEN UND WHISKY TRINKEN

Jazz – schon das Wort klingt nach Rhythmus und Rebellion. Das Widerständige, Improvisierte und Überraschende dieser Musik schwingt bei jedem einigermaßen gelungenen Konzert mit, lässt die Flüssigkeit in den Gläsern vibrieren und springt unweigerlich auf die mitwippenden Zuhörer über. Auf der meist viel zu engen Bühne geht es zu wie im Leben: Jeder Einzelne scheint in sein eigenes Universum versunken, allein mit sich und seinem Instrument zu sein und doch im ständigen Austausch mit seinen Mitspielern, die blind aufeinander reagieren, eine irgendwo begonnene Erzählung aufgreifen und weiterspinnen.

Der japanische Autor Haruki Murakami, in dessen Büchern Musik eine große Rolle spielt und der eine gigantische Plattensammlung besitzt, betrieb mit seiner Frau Yoko in den 1970er-Jahren in Tokyo eine kleine Jazz-Bar, die den Namen seiner verstorbenen Katze »Peter Cat« trug. Obwohl es die Bar längst nicht mehr gibt, pilgern Murakami-Fans bis heute in Scharen zu dem Gebäude.

blue

Überhaupt bilden Jazz und Whisky in Japan eine besondere Allianz. Wer in Tokyo unterwegs ist, dem wird auffallen, dass in den dortigen Jazzbars auffallend viele Frauen allein und zufrieden bei einem Whisky der Musik lauschen. Womöglich auch deshalb, weil sie keine Angst haben müssen, belächelt oder angesprochen zu werden, denn dafür sind Jazzliebhaber zu cool.

Um Jazz zu mögen, musste ich erst etwas älter werden, erklärte mir ein befreundeter (Pop-) Musiker, und schaut man sich das Publikum in den angesagten Clubs an, scheint er nicht der Einzige zu sein, der etwas Zeit brauchte, um die komplexen Klänge genießen zu können. Mit einem Whisky, der auch ein wenig nach Wildem Westen und Al Capone schmeckt, in einem Jazzclub abzuhängen und die eigenen Gedanken mit jedem Schluck und jedem Stück ein bisschen weiter davonsegeln zu lassen, ist eine wahre Glücksformel. Denn die Kombination aus Jazz und Whisky stärkt das für die Emotionsverarbeitung zuständige limbische System, das unerlässlich ist, um in eine rosige Zukunft blicken zu können – zumindest für die Dauer einiger Songs.

IM CHOR SINGEN

Kaum etwas vertreibt die schlechte Laune, mit der man es in mittleren Jahren häufiger zu tun hat, so gut wie Singen. Eine Melodie zu trällern, macht glücklich, aber allein loszulegen traut man sich höchstens unter der Dusche, auf keinen Fall aber, wenn andere zuhören. In unserer Kultur schämt man sich, sofern man kein Meistersänger ist, vor anderen zu singen. Glücklicherweise löst sich diese Verklemmung sofort auf, sobald ein paar andere mit einstimmen. Wer nicht bis zum nächsten Stadionbesuch oder bis Weihnachten warten will, um vokal richtig aufdrehen zu können, ist am besten in einem Chor aufgehoben. In der Gemeinschaft schmelzen selbstkritische Bedenken von Probe zu Probe und mit zunehmendem Wohlklang dahin, bis man gar nicht mehr darüber nachdenkt, was die anderen über einen denken, schließlich steht ja auch einer vorne, der einem sagt, was gemacht wird, was allein schon ein guter Grund sein kann, um Mitglied in einem Chor zu werden. Denn ist es nicht herrlich, nach einem anstrengenden Arbeitstag alles abzugeben und sich von der Gruppe mitreißen zu lassen?

Singen macht froh und glücklich, weil alles, was sich im Kopf aufgestaut hat, ins Zwerchfell, also ins Körperzentrum rutscht und verwandelt wird. Mit dem eigenen Körper Musik zu machen und in einem gemeinschaftlich erzeugten Klang aufzugehen, kann ein erhebendes Gefühl sein. Abgesehen davon wird das Gemeinschaftsgefühl bei fast jedem Chor nach der Probe mithilfe alkoholischer Getränke weitergepflegt, es handelt sich also um eine unkomplizierte Möglichkeit, haufenweise Leute kennenzulernen. Und das quasi bis zur eigenen Beerdigung, wie man in dem hinreißenden Dokumentarfilm *young@heart* von Stephen Walker sehen kann. Darin begleitet der britische Filmemacher einen Chor von 75- bis 92-Jährigen aus Northampton, Massachusetts, der nicht etwa Volks- oder Kirchenlieder zum Besten gibt, sondern sich auf Rock-, Punk- oder Soulsongs von Nirvana, The Clash oder James Brown spezialisiert hat. Wer sieht, wie die weißhaarigen Damen und Herren mit ihren künstlichen Hüftgelenken rotieren und »I feel good« grölen, versteht nicht nur, was es heißt, wirklich »young at heart« zu sein, sondern wird auch keine Sekunde mehr daran zweifeln, dass man spätestens mit Beginn der zweiten Lebenshälfte nirgends besser aufgehoben ist als in einem Chor.

DAS WETTER STUDIEREN

Die Briten haben es zu einer Kunstform erhoben und sprechen einer Umfrage zufolge im Schnitt 49 Stunden im Jahr über das Wetter. »Terrible weather today, isn't it!« oder »Beautiful day!« sind die verbreitetsten Einstiegsformeln, um mit den Nachbarn, einem Kollegen oder der Person, die vor oder hinter einem in der Schlange steht, ein unverfängliches Gespräch zu beginnen. Dank des Klimawandels und der damit einhergehenden düsteren Zukunftsaussichten wird inzwischen auch bei uns vergrübelten Deutschen keiner mehr des oberflächlichen Small Talks bezichtigt, wenn er mit dem Wetter ankommt.

Um mit kompetenten Anmerkungen zu den himmlischen Bewegungen neue Bekanntschaften zu knüpfen, ist es freilich unerlässlich, regelmäßig die Wettervorhersage zu studieren – was junge Menschen nicht die Bohne interessiert, es sei denn, der Kindergeburtstag oder eine andere Open-Air-Party steht an.

Dieses Desinteresse schlägt spätestens mit den Wechseljahren (die bekanntermaßen auch Männer

betreffen) ins Gegenteil um, also wenn die Wetterfühligkeit erwiesenermaßen zunimmt und einem klimatische Umschwünge buchstäblich unter die Haut gehen.

Noch dazu besteht – anders als im eigenen, bereits fortgeschrittenen Leben – beim Wetter wenigstens die Aussicht, dass sich schnell mal etwas ändert. Darauf spielt womöglich auch der österreichische Schriftsteller Wolf Haas an, wenn er schreibt: »Kein Mensch ist auf die Dauer so interessant wie das Wetter.«

Zu finden ist dieser Satz in Haas' Roman *Das Wetter vor 15 Jahren,* dessen Hauptfigur seit fünfzehn Jahren die Hoch- und Tiefdruckgebiete eines entlegenen Alpendorfs datumsgenau auswendig kennt und mit seinem Spezialwissen als Wettkönig in der Fernsehshow »Wetten, dass …?« brilliert. Selbstverständlich wird Vittorio Kowalskis Leidenschaft von tragischen, längst vergangenen Ereignissen befeuert, ansonsten wäre die Geschichte nicht so spannend.

Überhaupt offenbart die Wetterlage, sofern man sie warm und trocken auf dem Sofa sitzend studiert, nicht minder existenzielle Dimensionen als draußen, wo einem die Elemente direkt um die Ohren schlagen. Nirgends lassen sich Wolkenformationen, Niederschläge oder Hitzewellen präziser und bequemer studieren als etwa in Gavin Pretor-Pinneys amüsantem Handbuch *Wolkengucken*, in Stifters *Bergkristall*, in dem sich die Handlung aus einer misslungenen Wetterprognose entwickelt, in Karen Duves triefend nassem *Regenroman* oder in Simone Buchholz' St.-Pauli-Krimis, in denen das Wetter ein exaktes Spiegelbild dessen liefert, was im Innern der sympathisch-verqueren Hauptfigur, Staatsanwältin Chastity Riley, abgeht.

Die Liste der Weltwetterliteratur dürfte jedenfalls so lang sein wie alle verregneten Sonntage eines Durchschnittslebens zusammen. Und was sich darin an poetischen Grauschattierungen oder Niederschlagsdifferenzierungen finden lässt, hilft auf jeden Fall, um den nächsten Wetterplausch noch anregender zu gestalten.

SEIN TESTAMENT AUFSETZEN

Das ganze Leben hindurch schreiben wir Listen. Als Kind durfte man die Einkaufszettel verfassen und stolz damit zum Laden rennen, später kämpft man mit To-do-Listen gegen das gröbste Alltagschaos, und noch später werden sie zu Leuchtfeuern im dunklen Meer des Vergessens.

Listen können aber nicht nur im tatsächlichen, sondern vor allem im übertragenen Sinn Ordnung ins Leben bringen und Strukturen schaffen, wo sich scheinbar Unfassbares vor einem auftut wie das eigene Liebesleben. Davon erzählt Nick Hornby in seinem Bestseller *High Fidelity*, in dem der kurz vor der Pleite stehende Plattenladenbesitzer Rob eigentlich sein gesamtes Leben in gute und schlechte Songs aufteilt. Oder das wunderbare *Kopfkissenbuch* der japanischen Hofdame Sei Sonagon, einer der frühesten und bedeutendsten Prosatexte der japanischen Literatur. In diesem kleinen Tagebuch notierte die Hofdame alle paar Tage ihre Vorlieben und Abneigungen in Form kurzer Listen, etwa über »hübsche«, »ärgerliche« und »seltene Dinge« oder darüber, »Was man bedauert«. Weil derartige

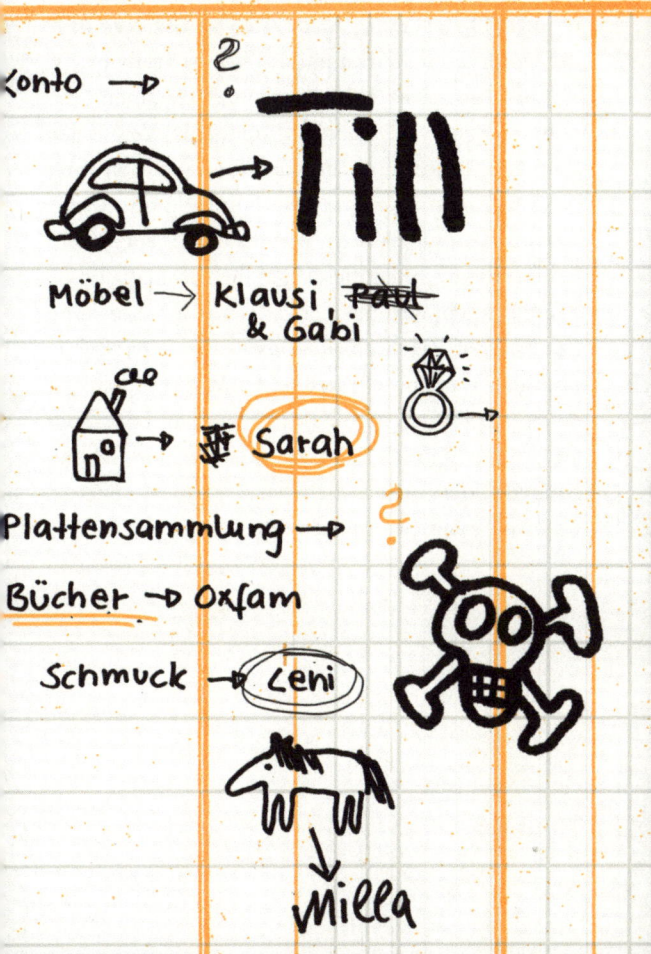

Überlegungen und Ordnungsversuche etwas Meditatives und Fokussierendes haben, gibt es natürlich längst eine ganze Liste von Büchern über die wohltuende Wirkung des Listenschreibens.

Die ultimative Lebensliste ist das Testament, das man so früh wie möglich und mit Vergnügen schreiben sollte. Freunde von mir verfassten ihres in vergleichsweise jungen Jahren und waren anschließend überrascht, was für einen feuchtfröhlichen Abend ihnen diese Aufgabe verschafft hatte. Zu überlegen, wem man etwas geben möchte, kann den wahren Reichtum des eigenen Lebens zeigen: Freunde, Verwandte, Patenkinder, Institutionen, die einem am Herzen liegen und denen man unbedingt auch seine Lieblingssongs, seine schönsten Erinnerungen oder bedauerlichsten Irrtümer auflisten und im Testament hinterlassen sollte.

WILDWUCHS STATT WAXING

Ob es sich um die Venus von Botticelli, Michelangelos David oder die Aufklärungs-Models in der *Bravo* handelt – ein Körper gilt meist nur dann als schön, wenn er gut geformt und unbehaart ist. Auch wenn in manchen Kulturkreisen aus religiösen Gründen rasiert oder epiliert wird, ist das ästhetische Ideal glatter Haut seit Langem auf der ganzen Welt verbreitet. Schon der römische Dichter Ovid gestand in seinem antiken Knigge *Ars amatoria* den Herren zwar behaarte Beine zu, unter der Toga durfte dagegen kein Achselhaar hervorlugen: »Und nicht soll der stinkende Bock, der Herr der Ziegenherde, unter den Achseln hausen.«

Ovids junge Landsfrau, die Römerin Sophia Loren, kümmerte das rund zweitausend Jahre später nicht. 1955 trug die glamouröse Schauspielerin mit größter Selbstverständlichkeit Achselhaar zum Abendkleid und schuf damit eine Ikone natürlicher Schönheit, über die sich bis heute Behaarte freuen und Enthaarte empören.

Ohnehin ist es erstaunlich, wie sehr ein paar Haare an bestimmten Stellen die Gemüter erhitzen können. In den 1980ern lieferte Popstar Nena mit ihren unrasierten Achseln der englischen Boulevardpresse Gesprächsstoff; der Schauspielerin Juliette Lewis attestierten Kritiker wegen ihrer jugendlichen Rasurverweigerung »eine ungeheure Demonstration rebellischer Eigenheit«, und die *Vogue* lehnte Helmut Newtons Fotografien der Fassbinder-Schauspielerin Hanna Schygulla durchweg ab, weil diese sich fast immer mit Achselhaar zeigte.

Heute präsentieren sich nicht nur Hollywood-Stars meist von Achselhaar bzw. Epauletten befreit, auch Indianerstämme wie die Huaorani aus dem Amazonasgebiet zupfen sich jedes einzelne Haar vom Leib, weil sie sich, zart wie ein Kinderpopo, schöner finden.

Wer nicht mitrasiert, -rupft und -zupft, gilt schnell als ungepflegt oder unangepasst, und wo aus religiösen Gründen rasiert wird, sogar als abtrünnig oder ketzerisch. Aber ob man nun mit voller Körperbehaarung nur ein bisschen schlampig oder richtig rebellisch wirkt – beides sollte man auf jeden Fall hin und wieder sein. Auch wenn es, spätestens seit Promis wie Madonna und Lady Gaga zum natürlichen Wildwuchs aufgerufen (2015 #freeyourpits) haben, genau genommen keine Frage kultureller Normen oder deren Infragestellung

mehr ist, wie man sein Körperhaar trägt, sondern allein von der eigenen Lust und Laune abhängt, ist doch nichts entspannender, als darauf zu pfeifen, was die anderen denken.

MITGLIED BEI EINEM (FUSSBALL-) VEREIN WERDEN

Einige Jahre vor ihrem 50. Geburtstag wurden zwei meiner Freunde, scheinbar aus dem Nichts heraus, zu glühenden Fans des erfolglosesten Fußballvereins der Stadt. Seither staffieren sie sich regelmäßig mit den obligatorischen Devotionalien (Schal, Mütze usw.) aus und pilgern, selbst wenn bedeutende Familienfeiern oder andere soziale Verpflichtungen anliegen, unbeirrt ins Stadion, trinken literweise Bier, essen begeistert Bratwürste aus Massentierhaltung und grölen sich die Seele aus dem Leib. In der Adventszeit übrigens gemeinsam mit 29 998 anderen Fans, denn dann lädt der Verein seine Anhänger zum alljährlichen Adventssingen ein. Womöglich ist das Stadion ohnehin die Kirche von heute, so viel und ergreifend, wie darin gefleht und gesungen wird. Wer einmal in Liverpool im Stadion war und alle Fans »You'll never walk alone« hat singen hören und nicht weinen musste, der hat kein Herz. Zweifellos hängt es also mit den wilden, schönen Gefühlen zusammen, die der Fußball mobilisiert, dass meine beiden kultivierten, beruflich erfolgreichen und sozial fest verankerten

Freunde bei jedem Spiel beglückt in einer Masse aufgehen, mit deren Einzelelementen sie nichts, außer dieser Leidenschaft, verbindet. Wie ja sowieso beim Fußball alle zusammenkommen – ob das die achtzehn Nationen sind, die in einem Verein wie der Eintracht Frankfurt miteinander am Ball zaubern, obwohl sie verbal kaum miteinander kommunizieren können, oder eine Horde Knirpse, die sich jederzeit und überall um einen Ball schart, ob auf der Piazza in Venedig oder auf dem Zeltplatz am Atlantik.

Mit ihrer späten Leidenschaft schaffen sich meine beiden Bekannten aber auch etwas, das mit zunehmendem Alter zwangsläufig weniger wird, und das ist Zukunft. Selbst Nicht-Fußballfans kennen den Satz: »Nach dem Spiel ist vor dem Spiel«, in dem so etwas wie das Prinzip Hoffnung mitschwingt. Besteht doch für Fans selbst nach der größten Niederlage bereits mit dem nächsten Spiel die Möglichkeit, dass sich alles grundlegend ändert. Abgesehen davon gibt es auf einen Schlag unendlich viele Menschen, die für dasselbe Thema brennen wie man selbst. Letzteres ist ein hervorragender Grund, um Vereinen jeglicher Art beizutreten und gemeinschaftlich zu rudern, Aquarelle zu malen, Hunde zu züchten, zu angeln oder die Gemeinde zu verschönern. Das Beste, an welchem

Verein auch immer, ist jedoch, dass man ihm freiwillig angehört und ihn, anders als die Familie, die Freunde oder Kollegen, jederzeit komplett schmerzfrei wieder verlassen kann.

DIE WAHRHEIT SAGEN

Wenn meine jüngere Tochter beim Essen ganz besonders hingebungsvoll »Hmmh, ist das lecker« jubelte, war sofort klar, dass ihr Teller unberührt bleiben würde, weil es ihr, anders als behauptet, ganz und gar nicht schmeckte. Diese nicht unraffinierte Art, das Gemeinte ins Gegenteil zu verkehren, gilt in Regionen mit ausgeprägtem Sinn für Ironie wie Österreich und Großbritannien als kultivierte sprachliche Finesse. Auch wenn das höflichkeitsbedingte Schwindeln schlimme Folgen haben kann, wie mir ein befreundeter Engländer erzählte, der den miserablen Zustand der britischen Küche nicht zuletzt darauf zurückführt, dass es in seiner Heimat bis vor Kurzem undenkbar gewesen sei, die rhetorische Frage des Kellners, ob das Essen gut sei, mit einem ehrlichen »Nein« zu beantworten.

Ohne Not- und Höflichkeitslügen würden die meisten menschlichen Gemeinschaften tatsächlich zusammenbrechen, funktioniert doch ein gewisses Maß an freundlicher Täuschung wie sozialer Kitt. Im Rahmen der kindlichen Entwicklung gilt es

sogar als notwendiger und wichtiger Schritt, Eltern, Geschwistern und Erziehern hin und wieder faustdicke Flunkereien aufzutischen, um auf diese Weise spielerisch die Grenzen von Dichtung und Wahrheit auszutesten. Umgekehrt würde man ganz ohne die vielfach geschwindelten Aufmunterungen und Anspornungsversuche der Älteren sehr vieles, was man im Leben anfängt, wahrscheinlich gleich wieder aufgeben. Weil man die auf Ehrlichkeit meist folgenden Auseinandersetzungen mit Restaurantchefs, Lebenspartnern oder Vorgesetzten vermeiden will, schützt man sich sein Leben lang mit Winkelzügen und windet sich lieber peinlich berührt aus der Affäre.

Irgendwann sollte jedoch mit dem Schonprogramm Schluss sein, Höflichkeit hin oder her. Quält einen der Kollege am gegenüberliegenden Schreibtisch seit Jahren mit seinem Mundgeruch, riecht der teure Wein nach Spüllappen, und disqualifiziert sich die alte Freundin schon seit Jahren als Freundin, sollte man das, freundlich und geradeheraus, auch sagen. Die guten, unverzichtbaren Sozialverträglichkeitslügen kann man sich getrost für lustigere Gelegenheiten aufheben. Unerquickliche Kontakte abzubrechen, einer unfreundlichen Bedienung kein Trinkgeld zu geben und dem Partner zu sagen, dass ihm die Vokuhila-Frisur noch nie gestanden hat, ist keineswegs unhöflich, sondern ein Tribut, ja eine Hommage an die hohe Kunst der Wahrhaftigkeit.

ETWAS TUN, WAS MAN NICHT KANN

Zeichnen, singen, aufräumen oder auf dem Kopf stehen – jede innere Landkarte umfasst Gebiete, die schlichtweg unbeherrschbar erscheinen. Und weil man sich ungern mit seinen Schwächen abmüht oder sie vor anderen zugeben möchte, mogelt man sich zeit seines Lebens um diese Leerstellen herum: Bei Partys verteilt man lieber reihenweise Körbe, anstatt seine Hemmung zu überwinden und, wie grotesk, steif und peinlich auch immer, das Tanzbein zu schwingen. Und wird im Yogakurs Kopfstand geübt, muss man seltsamerweise immer zur Toilette. Mit dieser feigen Drückebergerei sollte man vorfreudig Schluss machen, die Beine in die Luft schwingen und die Welt einmal andersherum betrachten. Denn je mehr man sich davor fürchtet, das Gleichgewicht zu verlieren, die Bohrmaschine in die Hand zu nehmen oder eine Rede zu halten, umso besser. Wo die Angst am größten ist, geht der Weg weiter, oder wie der Dramatiker Heiner Müller schrieb: »Die erste Gestalt der Hoffnung ist die Furcht. Die erste Erscheinung des Neuen der Schrecken.«

BEKANNTSCHAFTEN MACHEN UND PFLEGEN

In seinem bewegenden Roman *Die einzige Geschichte* erzählt der britische Schriftsteller Julian Barnes von einer unkonventionellen großen Liebe, die das weitere Leben der beiden Protagonisten für immer prägen wird. Als Resultat dieser einschneidenden Erfahrung vermeidet Paul nach der Trennung von Susan jede tiefergehende Beziehung und pflegt stattdessen nur noch Bekanntschaften: »Es war die Ebene von sozialer Interaktion, die er jetzt brauchte: fröhliche gegenseitige Unterstützung unter Ausschluss jeglicher Intimität«, schreibt Barnes und trifft damit das Wesen dieser segensreichen Form zwischenmenschlicher Begegnung auf den Punkt.

Tatsächlich scheint das Wort »Bekannter« eine Sonderzone menschlicher Beziehungen zu markieren, einen Graubereich, in dem Menschen zwar etwas miteinander zu schaffen haben, aber nicht richtig wissen, was das eigentlich ist. Sicher ist nur: Es ist das Gegenteil dessen, was man in jungen Jahren sucht, wo nur die allerbeste Freundin, die größte Liebe und die wildeste Leidenschaft zählen

Eiereikör

Cognac und Liköre

I love selbstgemacht

- 6 Eigelb
- 150 gr Puderzucker
- Mark einer Vanilleschote o. 1 Päckchen Vanillezucker
- 250 g Kondensmilch
- 500 ml Rum

Eigelb + Puderzucker 5 Minuten cremig rühren. Vanillemark bzw. Vanillezucker hinzu geben. Erst Kondensmilch, dann Rum langsam unterrühren. Kalt stellen. Hält im Kühlschrank 4-6 Wochen. Hmm. Lecker.

(Statt Kondensmilch kann man auch Sahne nehmen.)

und man auch über ausreichend Kraft und Energie verfügt, um den ständigen Gefühlssturm auszuhalten. Erst viel später, wenn man sich lieber an diese Superlative erinnert, als sie erneut zu suchen, beginnt man auch, die Vorzüge wohltemperierter Gefühlslagen wie die verbindliche Unverbindlichkeit zu schätzen.

»Ach, das sind Freunde von euch?«, »Nein, nur Bekannte«, sagt man, um sich ein wenig zu distanzieren, und wenn von Frau Meiers »Bekanntem« die Rede ist, funktioniert der Begriff wie ein Mäntelchen für Anzügliches oder für Leute, denen Erotik und Sexualität eher peinlich sind. Bekanntschaften pflegen altmodische Menschen wie Loriots Ehepaare Hoppenstedt und Pröhl, die ihr fünfjähriges Kennenlernjubiläum mit dem gemeinsamen Verzehr eines Kosakenzipfels feiern.

Dass Bekanntschaften etwas leicht spießig Verzopftes anhaftet, dürfte damit zusammenhängen, dass sie im Gegensatz zur wilden Amour fou oder der tiefen Freundschaft auf mittlerer Betriebstemperatur verlaufen.

Genau das Richtige also, um sich den Alltag zu verschönern, ohne dafür sein Innerstes nach außen kehren zu müssen. Bekanntschaften ergeben sich beiläufig – im Urlaub, beim Tanzkurs oder im

Café, und ihr Gelingen erfordert Gefühl für Nähe, Distanz und den richtigen Ton: heiter und zugewandt, nicht zu persönlich, dafür pointiert und unterhaltsam, eben die Quintessenz gelungenen Small Talks oder Plauderns, was eine ebenfalls unterschätzte Form der Kommunikation ist.

So unaufgeregt, wie sich eine Bekanntschaft ergibt, ist meist auch ihre weitere Genese: respektvoll und ausgeglichen, aber auch anregend und mit viel Freiraum für die Beteiligten. Was jedoch nicht weiter schwer ist, denn ein Bekannter kommt einem gar nicht nah genug, um einem so auf die Nerven zu gehen, dass man ihn ändern oder gleich auf den Mond schießen möchte. Eine nahezu zweckfreie und beglückend konsequenzlose Möglichkeit, wie Menschen einander begegnen und guttun können.

SICH EINEN SEITENSPRUNG VORSTELLEN

Wer über einen ausgeprägten Möglichkeitssinn verfügt, wie Robert Musil in seinem Roman *Der Mann ohne Eigenschaften* die Fähigkeit nennt, sich auch noch etwas anderes vorstellen zu können als das, was ist, wird die längste Zeit seines Lebens frustriert sein, weil so viel Schönes, Aufregendes, Prickelndes denkbar ist, aber nur das allerwenigste davon wahr wird.

Die gelbe Schaufel im Sandkasten, die man so wahnsinnig gerne mit nach Hause genommen hätte, wird man unter dem strengen mütterlichen Blick ebenso brav dem kleinen rothaarigen Mädchen zurückgeben, wie man die Freundin des besten Freundes ordnungsgemäß vor dessen Haustür abliefert, anstatt sie nach allen Regeln der Kunst zu verführen. Das meiste, was man begehrt, kann man nun mal nicht haben, und nimmt man es sich doch, gibts meistens Ärger.

Glücklicherweise ebbt die Phase des radikalen Verwirklichungsdrangs in erotischer Hinsicht bei all jenen, die nicht zu den unermüdlichen Berufsjugendlichen und Casanovas gehören, irgendwann

von selbst, also auf scheinbar natürlichem Wege ab, und sogar die vormals umtriebigsten Eroberer entdecken die Vorteile der reinen Fantasie. Anstatt das ruhige Fahrwasser des lange bewährten Beziehungs- oder Singlelebens unnötig zu belasten, sich durch Heimlichtuereien geistig und moralisch zu überanstrengen, reicht es nun, sich vorzustellen, wie es wäre, wenn ...

Glücklich, wer entdeckt, wie aufregend es sein kann, sich von mikrotaktilen Berührungen wie einem Mantelärmel, der einen zufällig streift, zu Kopftheatervorstellungen in Überlänge animieren zu lassen.

Sich Duft und Lust einer begehrenswerten Person auszumalen, kann mit einer gewissen Erfahrung ähnlich berauschend sein, wie sie tatsächlich zu erleben. Höchstwahrscheinlich wird sie sogar schöner sein. Dank der Erfahrung, die einem nun die ausschweifendsten Tagträume beschert, weiß man, die Vorstellung von etwas ist oft weitaus schöner als ihre Verwirklichung. Umso besser, dass jetzt die Zeit gekommen ist, in der man sich vergnügt zurücklehnt, den hirneigenen Projektor anwirft und still goutiert, was nicht ist.

ALLES VERSCHENKEN, WAS MAN NICHT BRAUCHT

Wer regelmäßig zu Hause ausmistet, gilt längst nicht mehr als putzwütiger Spießer, sondern als selbstbewusst-aufgeklärter Zeitgenosse. Reduktion und Minimalismus sind die neuen Lifestyle-Mantras, denn wer aufräumt und alles loslässt, bekommt dabei auch einen klaren Kopf. Das predigt nicht nur die erfolgreiche japanische Aufräumexpertin Marie Kondo, der Millionen Leute mit Begeisterung beim Entrümpeln fremder Wohnungen zusehen.

Dabei ist es eigentlich logisch, dass man sich vor allem mit zunehmender geistiger Reife nach reduzierten Räumen und einer übersichtlichen Umgebung sehnt und nicht mehr jedes Kaugummipapier hütet, als ob es sich um den Heiligen Gral handeln würde.

In unseren wohlhabenden Gesellschaften ist aber nicht nur der materielle Konsum und Besitz so ausufernd wie nie, auch unsere Köpfe wurden zu keiner Zeit so malträtiert wie heute. Der Soziologe Hartmut Rosa schreibt, dass ein durchschnittlicher Haushalt um 1900 etwa vierhundert Dinge enthielt. Heute dagegen halten uns 10 000 Dinge zu Hause auf Trab und beschäftigen uns. Ähnlich verhält es sich mit den Informationen, die auf uns einprasseln, denn die meisten Neuigkeiten behaupten sich immer kürzer auf den digitalen Portalen, sodass in immer weniger Zeit immer mehr Nachrichten, Hashtags, Bilder oder Videos erscheinen und verarbeitet werden wollen. Weil all diese Dinge um unsere Aufmerksamkeit buhlen, fühlen wir uns zunehmend zerstreut und überfordert, und wo jeden Tag ein neuer Hit oder Bestseller den des Vortags verdrängt, wird das scheinbar Einzigartige zum Normalfall. Der große Aufräum-Trend ist also eine Art verschobener Notwehr gegen die Unübersichtlichkeit, mit der wir ständig zu kämpfen haben und die uns das Gefühl gibt, nie genug zu wissen und überhaupt nie fertig werden zu können.

Der japanische Minimalist Fumio Sasaki beginnt seinen Ratgeber *Das kann doch weg!* mit dem Satz: »Es wird Zeit, sich von allem Überflüssigen zu trennen.« Und er verspricht jenen Menschen Glück, die sich beherzt von dem ohnehin längst überholten Gedanken verabschieden, das Glück liege in materiellen Dingen.

Also Haus und Hirn befreien und am besten alles Überflüssige verschenken, anstatt kleinkrämerisch

um ein paar Euro zu feilschen, die man ohnehin nur wieder für den nächsten nutzlosen Kram ausgeben würde. Schon der Apostel Paulus wusste, dass Geben seliger als Nehmen ist, und dass er recht hat, bestätigt inzwischen sogar die Glücksforschung, derzufolge es nicht nur die intelligenteren Menschen sind, die großzügig handeln, sondern auch die zufriedeneren.

REZEPTE KOCHEN, DIE ABSURD AUFWENDIG SIND

Tütensuppe, Strammer Max oder Spaghetti – am Anfang jeder Kochlaufbahn soll es vor allem schnell und einfach gehen. Wenn man als Schüler, Lehrling oder Student damit beginnt, sich sein Essen selbst zuzubereiten, hat man ohnehin selten das nötige Geld, um komplexe Zutatenlisten abzuarbeiten, außerdem gibt es eindeutig aufregendere Beschäftigungen, als stundenlang am Herd zu stehen. Auch während der turbulenten Phase des Berufs- und Familienlebens geht man die Nahrungsgestaltung, nach langen Arbeitstagen und aufgrund der Animositäten des Nachwuchses, weitgehend pragmatisch an.

Aber eines Tages, vielleicht ist der Wohlstand gestiegen und der Nachwuchs herangereift, erwacht nicht nur die Sehnsucht, mal wieder etwas anderes als das Langbewährte auszuprobieren, sondern auch das Bewusstsein dafür, wann es wieder einmal an der Zeit ist, etwas absurd Aufwendiges zu tun, im Sinne der französischen Schriftstellerin Colette, die meinte: »Du wirst immer wieder etwas Törichtes tun, doch tu es mit Hingabe!«

Wer seine Experimentierlaunen nicht mehr unbedingt auf der Beziehungs- oder Berufsebene ausleben möchte, für den erweist sich die Küche als perfekter Schauplatz für Expeditionen ins Ungewisse. Je komplizierter die Rezepte sind und je mehr dabei schiefgehen kann, umso lustiger wird es. Schließlich verdanken wir nicht nur berühmte Gerichte wie den Kaiserschmarrn und die Tarte Tartin dem Missgeschick ihrer Köche. Speisen, deren Zubereitung mehrere Tage unserer Aufmerksamkeit erfordern, verströmen nicht nur besonders intensive Aromen, sondern auch ein verändertes Zeitgefühl sowie Sinn für Genuss und Überfluss. Etwa die getrüffelte Pute, die nach einem Rezept des französischen Meisterkochs Paul Bocuse in einen Jutesack verpackt und für zwei Tage im Garten vergraben wird, damit die Trüffel in der Kälte und Feuchtigkeit der Erde »all ihr Aroma entfalten und an die Pute abgeben«.

Der gefeierte und gefürchtete Gastro-Kritiker der amerikanischen *Vogue*, Jeffrey Steingarten, wiederum berichtet von dem »erheblichen Einsatz an Zeit, Geld, Arbeit und Energie«, den es ihm abverlangte, einen Turducken (dt. etwa Trutentchen) zuzubereiten. Bei dieser kulinarischen Kreation der Cajun aus dem Süden Louisianas gilt es, ein

LESERBRIEFE SCHREIBEN
EINEN BAUM ADOPTIEREN
ENDLICH DAS AUTO ABSCHAFFEN
EINER PARTEI ODER RELIGION BEITRETEN
ZU VORTRÄGEN GEHEN
IN EINE WOHNGEMEINSCHAFT ZIEHEN
SICH WIE DIE EIGENEN KINDER ANZIEHEN

DINGE, DIE AUCH NOCH GROSSEN SPASS MACHEN WÜRDEN ...

GRUNDLOS SCHLECHT GELAUNT SEIN

VERKÄUFER IN LANGE GESPRÄCHE VERWICKELN, WENN HINTER EINEM DIE SCHLANGE WARTET

ALLEIN SEIN

AUF FRIEDHÖFEN SPAZIERENGEHEN

(TELEFON-)STREICHE SPIELEN

SICH EINEN HUND ZULEGEN

AN EINER KRÄUTERWANDERUNG TEILNEHMEN

EINEN STAMMTISCH GRÜNDEN

AUF DEMOS GEHEN

ZU EINER VERKLEIDUNGSPARTY EINLADEN

EIN EHRENAMT ÜBERNEHMEN

EINE TIERPATENSCHAFT IM ZOO ÜBERNEHMEN

SICH ENDLICH ORDENTLICHES GESCHIRR KAUFEN

EIN SABBATICAL PLANEN

IN EIN KLOSTER GEHEN

EIN STRASSENFEST ORGANISIEREN

WIEDER EINEN PLATTENSPIELER KAUFEN

AN EINEM LESEKREIS TEILNEHMEN

EINE FASTENKUR MACHEN

MIT UNCOOLEN LEUTEN BEFREUNDET SEIN

KEINEN SEX HABEN UND LIEBER DEN KRIMI ZU ENDE LESEN

sich für alles, was sein Leben ausmachte, einen Preis verliehen hat.

Mit einer so herrlich unvernünftigen und verschwenderischen Geste sein Leben zu krönen, ist mehr als vorbildlich, und es kann nicht schaden, bevor man wie er in der Schlusskurve seines Lebens anlangt, darüber nachzudenken, welches Sahnehäubchen man dem eigenen Leben aufsetzen möchte. Warum warten, bis andere auf die Idee kommen, einem ihre Anerkennung zu zeigen, oder es zu spät dafür ist? Jetzt kennt man seine Wünsche und kann sie sich mit etwas Glück auch leisten. Ob es der lang ersehnte Oldtimer ist, in dem man künftig durch die Landschaft kurvt, ein kunstvoll gefasster Edelstein, der Millionen Jahre in der Erde schlummerte, bevor er nun am eigenen Finger oder Hals strahlt, eine nach eigenen Entwürfen getöpferte Trophäe, der Hund, mit dem man schon als Kind durch den Wald toben wollte, oder ein selbstgepflückter Strauß Blumen – der Fantasie sollten bei dieser Ehrung keine Grenzen gesetzt sein. Denn allerspätestens nach den ersten fünfzig Jahren wird es Zeit, sich für jeden gelebten und für jeden noch kommenden Tag einen Preis zu verleihen, einen Preis für das eigene Lebenswerk!

SICH EINEN PREIS FÜRS EIGENE LEBENSWERK VERLEIHEN

Als mein Vater fast achtzig Jahre alt war und aus gesundheitlichen Gründen kaum noch vor die Tür kam, orderte er telefonisch beim besten Juwelier der Stadt eine sündhaft teure Herrenarmbanduhr, die ihm einige Wochen später in einem aufwendig verarbeiteten, geradezu märchenhaften Kästchen per Kurier überreicht wurde und von da an über seinem schmal gewordenen Handgelenk einen dezenten Glanz verbreitete.

Leider blieb ihm wenig Zeit, sich daran zu erfreuen, und wir sprachen auch nicht darüber, was ihn überhaupt auf die Idee gebracht hatte, sich ein so kostbares Geschenk zu machen. Aber weil mein Vater ein unglaublich positiver, geradezu zwanghaft optimistischer Mensch war, der ständig neue Ideen hatte und immer nur nach vorne schaute, stelle ich mir gern vor, dass er sich für alles, was er aus dem Nichts der Nachkriegszeit heraus auf die Beine gestellt hat, für all die abenteuerlichen Projekte, die er verwirklichen konnte, aber auch für die Niederlagen, Enttäuschungen und Verletzungen, die er überstanden hat, dass er wie die Betrachtung des unendlichen Firmaments, das einen immer aufs Neue ins Grübeln darüber bringt, was hier unten auf Erden wirklich zählt. Der Philosoph Immanuel Kant schrieb in seiner *Kritik der reinen Vernunft*, nichts erfülle das Gemüt so sehr »mit immer neuer und zunehmender Bewunderung und Ehrfurcht, je öfter und anhaltender sich das Nachdenken damit beschäftigt: Der bestirnte Himmel über mir und das moralische Gesetz in mir. Ich sehe sie beide vor mir und verknüpfe sie mit dem Bewusstsein meiner Existenz.«

Natur und Kunst spielen auf einzigartige Weise miteinander auf dieser größten Leinwand der Welt, die jeder betrachten und interpretieren kann, wie er will, ist sie doch an keinem Ort und zu keinem Zeitpunkt gleich.

DEN HIMMEL BETRACHTEN

Es ist ein Vergnügen, das immer verfügbar ist, keinerlei Aufwand erfordert und überhaupt nichts kostet. Dennoch legt man viel zu selten den Kopf in den Nacken und schaut in den Himmel, wo sich die herrlichsten Formen- und Farbwechsel in Cinemascope-Format und bei perfekter Lichtregie abspielen: Mal strahlt alles in fröhlichen Blau-Weiß-Tönen, dann dräut es dramatisch in gewittrigen Grauschattierungen oder funkelt geheimnisvoll in einer dunklen Nacht.

Am schönsten ist es, am Meer oder auf einer Bergwiese zu liegen und aus den sich verändernden Wolkenformationen Bilder, Schriften und Figuren herauszulesen. Aus einem überdimensionalen Seepferdchen löst sich der Schwanz und verwandelt sich in eine bizarre Blüte, ein Koboldgesicht wird wie von Zauberhand zum tanzenden Derwisch, und schon einen Augenblick später ist alles verschwunden und blitzblank gewischt, bis schon der nächste Wolkenberg heranschwebt und einem auf magische Weise die Zeit vertreibt. Kaum etwas ist so abwechslungsreich, beruhigend und inspirierend

was als Nächstes kommt, sondern den Moment zu genießen, wenn die Sterne über einem funkeln, und darauf zu vertrauen, dass es weitergeht. Angst davor, was einem alles Schlimmes passieren könnte, braucht man ohnehin nicht zu haben, denn statistisch gesehen passieren die meisten Unfälle im Haushalt oder im heimischen Verkehr, auf jeden Fall nicht beim Abenteuerurlaub.

der eigenen Lust und Laune und der Toleranz von Anwohnern, Förstern und Gesetzeshütern ab. Sollten die nachts ans Fenster klopfen, weil im Wald Halteverbot ist, hat man mal wieder etwas erlebt: ein kleines Abenteuer, das den Adrenalinspiegel steigen lässt und die durchgetakteten Lebensgeister auf Trab bringt. Kaum etwas schweißt Familien und Freunde so gut zusammen wie derartige Erlebnisse.

Ein kleines bisschen *Into the Wild* schwingt in jedem Bulli-Ausflug mit, auch wenn es nichts mit der Radikalität von Aussteigern wie Christopher McCandless zu tun hat, dessen Abenteuerlust in einem verrosteten Bus in Alaska endete. Der Ort ist bis heute eine Kultstätte für all jene, die von etwas anderem als Dauerkonsum und materiellem Erfolg träumen.

Anstatt im komfortablen Hotel mit Vollpension zu sitzen und vor dem Schlafengehen den kommenden Tag akribisch durchzuplanen, kann man sich, wie beim ersten Zelturlaub vor vielen Jahren, mit dem Bulli einfach treiben lassen, ohne Ziel und große Erwartungen durch die Gegend fahren. Es ist nicht nötig, ein halbes Jahr durch den Kaukasus zu gondeln, auch knapp vor der eigenen Haustür kann man spüren, wie belebend es ist, nicht zu wissen,

MIT DEM BULLI VERREISEN

Seit die Hippies mit ihm nach Woodstock fuhren, gilt er als Symbol für Freiheit und Abenteuer, und seine stolzen Besitzer behandeln ihn wie einen guten Freund: Der VW-Bulli, dessen Front wie ein gemütlich rundes Gesicht aussieht, ist viel mehr als nur ein praktisches Vehikel, in dem man sich und seinen Kram von A nach B transportieren kann. Obwohl der Kleinbus, der 1950 mit dem T1-Samba in Serie ging, nicht mehr so günstig zu kriegen ist wie zu Flower-Power-Zeiten, hat er eine große Fangemeinde in der ganzen Welt. An Kontaktarmut dürfte man also nicht leiden, sobald man Räder, Surfbrett oder Kinder darin verstaut hat und sich aufmacht, um ein abenteuerliches Wochenende in der brandenburgischen Prärie oder im wilden Taunus zu verbringen. Mit einem Bulli muss nicht großartig geplant oder vorab gebucht werden, es reicht, aus dem Fenster zu schauen, ob das Wetter passt, Kühltasche und Schlafsack zu packen, und los gehts. Wo am Abend dann die Klappstühle aufgestellt werden und die Würste auf dem Grill brutzeln, hängt allein von

ob gebohrt, gestichelt oder gemalt wird: Mit der Hand zu arbeiten, weckt Gefühle, für die im Alltagsgewusel oft wenig Raum ist. Und ob im Kurzwarenladen oder vor dem Schraubenregal, man kommt miteinander ins Gespräch und plaudert mal wieder ausgiebig aus dem Nähkästchen.

bastelten, strickten und in eigenen Bands und Magazinen dem tantenhaften Image von Handarbeiten eine rebellische Punk-Aura verliehen.

Auch Männer klappern seither mit den Nadeln und treten bei Strickpartys und in Strickclubs das Erbe ihrer Vorväter an. Denn Frauen haben diese Kulturtechnik, die vermutlich auf Fischer, die ihre Netze knüpften, zurückgeht, erst im 19. Jahrhundert gelernt. Vorher galt Stricken als echtes Handwerk, weshalb zur sechsjährigen Ausbildung nur Kerle zugelassen wurden. Solche geschlechtsspezifischen Handarbeiten gibt es in unseren Breiten kaum noch, außer vielleicht Holz hacken, übrigens das Einzige, was Angela Merkel auf die Frage einfiel, worum sie Männer beneide. Wilhelm II., Martin Heidegger und Albert Einstein fanden zu Zeiten, als es noch keine Baumärkte gab, in denen Mann sich die Zeit jenseits des Schreibtischs vertreiben kann, großes Vergnügen dabei. Und der Norweger Lars Mytting traf 2004 mit seinem Buch *Der Mann und das Holz* offenbar einen Nerv. Darin erzählt er nicht nur eine Art Kulturgeschichte des Holzes, er hat auch seine Landsleute ausführlich nach ihren Holzhack-Techniken befragt und dabei indirekt viel über deren Gefühlsleben erfahren. Denn das ist womöglich das Schönste am Handarbeiten, egal,

HANDARBEITEN

Häkeln, stricken, sägen oder Holz hacken – etwas mit den eigenen Händen herzustellen, ist zutiefst befriedigend, und das über sämtliche Alters- und Gendergrenzen hinweg. Noch dazu muss man heutzutage die handgefertigten Kleidungsstücke nicht mal mehr (wie 1968 oder in den 1980ern) am eigenen Körper tragen, sondern kann, sofern man nicht Freunde, Kinder oder Enkel damit beglücken will, der Gesellschaft etwas Gutes tun und sie um eine Laterne oder einen Baum drapieren. Seit 2005 zwei frustrierte Strickerinnen in Houston ihre missglückten Schals und Pulloverärmel heimlich um Straßenschilder und Ampelanlagen wickelten, versorgt die Knitting Guerilla weltweit den öffentlichen Raum und bringt triste Brückengeländer, Betonpoller oder Denkmäler in allen Farben des Regenbogens zum Leuchten. Nicht nur die strickenden Straßenkünstler verstehen ihre Handarbeit als politische Haltung, das ging schon vorher mit den »Riot Grrls« los, einer feministischen Do-it-yourself-Bewegung junger Frauen, die gegen den Konsumzwang alles Mögliche häkelten, druckten,

eingeübt werden müssen. Ob der Hals wie ein Elefantenrüssel aussieht, wird man dann seine Mitbewohner fragen müssen, oder man pfeift einfach drauf. Und wer von dem Thema partout nicht lassen mag, kann sich ein faltiges Haustier zulegen und künftig an seiner Schildkröte, Nacktkatze oder dem Mops liebevoll beobachten, was sich ohnehin nicht ändern lässt.

aufs Neue fragt, wer eigentlich der alte Knacker ist, den er darin erblickt. Selbstbild und Spiegelbild stimmen irgendwann immer seltener überein, und wenn doch, ist es geradezu irritierend.

Spiegeln werden seit jeher magische Kräfte zugeschrieben. Sie gelten als Tor zu einer anderen Welt und werden mit Tüchern verhängt, wenn ein Mensch gestorben ist, weil manche glauben, der Tote würde (wie Narziss), von seinem Spiegelbild gebannt, im Haus verbleiben; andere fürchten, es könne bald den nächsten Todesfall geben, wieder andere wollen die Eitelkeit aus dem Sterbehaus verbannen.

Im Alltag muss der Blick in den Spiegel nicht zwangsläufig narzisstisch sein, es kann auch ein Akt der Rücksichtnahme sein, bevor man das Haus verlässt, zu erkennen, dass die kühn erdachte textile Kombination einfach scheußlich aussieht oder Marmeladenreste im Gesicht verblieben sind. Andererseits sollte man irgendwann zu seinen Falten und Speckrollen stehen und mit Sarah Kuttner »die alte Kleidergröße verabschieden und die neue willkommen heißen«.

Alle Spiegel abzuschaffen, verändert das Leben radikal, nicht nur, weil Alltagstechniken wie Schminken, Rasieren oder Nasenhaare zupfen völlig neu

ALLE SPIEGEL ABSCHAFFEN

Der Mythos vom schönen Narziss, der sich unsterblich in sein eigenes Spiegelbild verliebt, zeigt seit Jahrtausenden, dass es nicht glücklich macht, seine äußere Hülle allzu wichtig zu nehmen. »Itzt lacht das Glück uns an, bald donnern die Beschwerden«, dichtete schon Andreas Gryphius in seinem berühmten Barocksonett *Alles ist eitel* und meinte damit inmitten der Wirren des Dreißigjährigen Krieges zweifellos existenziellere Nöte als Symbole der Vergänglichkeit wie Altersflecken, Falten und Haarausfall. Aber da wir in unseren friedlichen Zeiten und Breitengraden weder mit Pest noch Krieg zu kämpfen haben, bleibt uns reichlich Muße, um mit den Zeichen der Zeit zu hadern. Vor allem Frauen betreiben vor ihrem Spiegel geradezu masochistische Selbstanalysen, wie Nora Ephron in ihrem Buch *Der Hals lügt nie* recht amüsant erzählt: »Ich ziehe vorsichtig die Haut an meinem Hals zurück und sehe mir wehmütig eine jüngere Ausgabe meiner selbst an.« Aber selbst mein tiefenentspannter 84-jähriger Lieblingsonkel erzählt gern, dass er sich vor dem Spiegel täglich

Herrenhauses nach dem Rechten gesehen hat, bis zum wild-witzigen Bilderrausch, den die Berliner Illustratorin Kat Menschik in ihrem preisgekrönten Band *Der goldene Grubber* entfacht.

Mit beiden Händen im Boden herumzuwühlen, erdet und entschleunigt das überforderte Gemüt. Während der Alltag immer schneller und effizienter bewältigt werden soll, erfordert die Natur nicht nur beherztes Zupacken, sondern vor allem auch geduldiges Warten. Denn auch wenn man am Gras zieht, wächst es nicht schneller, lautet ein afrikanisches Sprichwort.

Und wen die Angst vor schmutzigen Fingernägeln oder Rückenschmerzen davon abhält, selbst zu Hacke und Schaufel zu greifen, kann sich immer noch an den gärtnerischen Ambitionen anderer erfreuen: ob auf der üppig blühenden Bodenseeinsel Mainau, im Schlosspark von Versailles oder in Vita Sackville-Wests' paradiesischem Anwesen Sissinghurst, eine der meistbesuchten Oasen der Gartennation England. Dort oder auf dem eigenen Grünstreifen darf auch das ohnehin schon befriedigte Gemüt gedeihen, während man im Liegestuhl, mit einem Schälchen frisch geernteter Erdbeeren neben sich, ein schönes Gartenbuch liest oder sich endlich ein Nickerchen gönnt.

DEN PFLANZEN BEIM WACHSEN ZUSEHEN

Sie habe nie glücklichere Menschen getroffen als Gärtner, erklärt die Kulturhistorikerin Andrea Wulf, die zahlreiche Bücher über Gärten, Gärtner und ihre Geschichten geschrieben hat. Darin kann man lesen, dass Thomas Jefferson, als sein Präsidentschaftsamt zu Ende ging, erleichtert gesagt haben soll: »Auch wenn ich nun ein alter Mann bin, so bin ich doch nur ein junger Gärtner.«

Im Garten lernt man nie aus, gilt es doch immer wieder von Neuem, den Kreislauf der Natur zu studieren, ob rund ums Haus, auf dem Balkon, der Fensterbank oder beim Urban Gardening. Selbst ein Schrebergarten gilt längst nicht mehr als Hort kleinbürgerlicher Gartenzwergkultur, seit Intellektuelle und Künstler wie Wladimir Kaminer ihre eigenen Parzellen begrünen. Gärtnern beflügelt Geist und Seele, das belegt nicht nur der Schreibdrang, der so viele ambitionierte Gärtner packt: vom Gartenphilosophen Karl Foerster und seinen Staudenfibeln über Reginald Arkells Roman *Pinnegars Garten*, über den schrulligsten Obergärtner, der jemals im Garten eines englischen

und in denen oft mehr Obsession, Hingabe und Liebe stecken als in vielen echten Liebesbriefen.

Klassiker *Fragmente einer Sprache der Liebe*. Genau genommen geht es darum, einen Abwesenden herbeizufantasieren, eine Art Geisterbeschwörung also, bei der man durchaus die Geduld verlieren kann, wie Katherine Mansfield, die ins Papier seufzte: »Hol der Teufel das Briefeschreiben! Wenn wir nur beisammen wären!«

Wer sich in alte Liebesbriefe vertieft, wird ein Echo dessen verspüren, was damals in und zwischen den Zeilen loderte, dafür sorgen schon unsere Spiegelneuronen, denen wir es auch verdanken, über traurige oder lustige Stellen in Büchern oder Filmen lachen und weinen zu können. So alt die Briefe sein mögen, es wird herzerwärmend oder -zerreißend werden, sich an peinliche Kosenamen, einen heimlichen Fehltritt oder den kühlen Abschied zu erinnern. Womöglich animiert einen die Lektüre auch dazu, wieder einmal selbst einen Brief zu schreiben. Anregungen dazu finden sich nicht nur im Archiv des eigenen Liebeslebens, sondern in den berühmten Briefromanen der Weltliteratur (von Goethes *Werther* bis zu Daniel Glattauers *Gut gegen Nordwind*) oder in den einzigartigen Briefwechseln, wie sie zum Beispiel der Verleger Siegfried Unseld mit dem kapriziösen Schriftsteller Thomas Bernhard jahrelang führte

ALTE LIEBESBRIEFE LESEN

Von manchen werden sie mit zarten Schleifen umwickelt und gebündelt aufbewahrt, anderswo liegen sie vereinzelt in vergessenen Kellerkisten herum, oder sie bestehen ohnehin nur aus Zetteln oder Postkarten, die unverhofft aus alten Büchern flattern. Liebesbriefe mögen verstaubt oder vergilbt sein, und doch lässt kaum etwas die Vergangenheit so lebendig werden wie diese Botschaften aus einer anderen Zeit. Was zweifellos daran liegt, dass sich in ihnen meist ungestüme, wilde Gefühle ausdrücken – Sehnsucht, Verlangen, Glück, Enttäuschung und Schmerz. In Choderlos de Laclos fantastischem Briefroman *Gefährliche Liebschaften* gleicht die amouröse Korrespondenz gar einem taktisch angelegten Eroberungsfeldzug. So etwas funktioniert jedoch nur, wenn der Heerführer – in diesem Fall die Marquise de Merteuil – nicht ernsthaft verliebt ist. Echte Liebesbriefe sind expressiv, leidenschaftlich, schmeichlerisch, in jedem Fall Ausdruck der Beziehung, die der Verfasser zum Adressaten aufnimmt, also das Gegenteil einer Korrespondenz, bemerkt Roland Barthes in seinem

Hähnchen, eine Ente und einen Truthahn fein säuberlich zu entbeinen, die Tiere ineinanderzustopfen und entstehende Hohlräume mit pikanten Füllungen zu ergänzen. Sein Turducken-Projekt führte Steingarten bis ins Cajun-Country, wo er den Erfinder des authentischen Rezepts ausfindig machte. Zurück in New York, beschäftigte er sich tagelang damit, an die hundert Zutaten für die Füllungen zu besorgen, und wuchs anschließend bei der selbst für Chirurgen herausfordernden Entbeinung über sich hinaus, bis zu guter Letzt das vierzigpfündige Fleisch-Trio nach dreizehnstündiger Garzeit in »güldenem Glanz« vor ihm erstrahlte.

Derart verschwenderisch mit sich und seiner Lebenszeit umzugehen, ist ein wunderbarer Luxus im Sinn des Jenaer Philosophen Lambert Wiesing: Ein Zustand intensiver Selbstwahrnehmung, in den der Mensch nicht etwa nur durch den Besitz kostbarer, aufwendig hergestellter Güter gelangt, sondern indem er sich selbst erfährt, weil er, von Zweckrationalität entbunden, ganz bei sich ist.

EIGENE DINGE

EIGENE DINGE

EIGENE DINGE